TRIBUTAÇÃO JUSTA, REPARAÇÃO HISTÓRICA

UMA DISCUSSÃO NECESSÁRIA

Eliane Barbosa da Conceição

TRIBUTAÇÃO JUSTA, REPARAÇÃO HISTÓRICA

UMA DISCUSSÃO NECESSÁRIA

ORGANIZAÇÃO Centro de Estudo em Justiça Econômica, Desigualdades e Reparação (CEJEDR)

PREFÁCIO Mário Theodoro

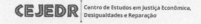

Copyright © 2023 by Editora Letramento
Copyright © 2023 by Eliane Barbosa da Conceição

Diretor Editorial Gustavo Abreu
Diretor Administrativo Júnior Gaudereto
Diretor Financeiro Cláudio Macedo
Logística Daniel Abreu e Vinícius Santiago
Comunicação e Marketing Carol Pires
Assistente Editorial Matteos Moreno e Maria Eduarda Paixão
Designer Editorial Gustavo Zeferino e Luís Otávio Ferreira

Conselho Editorial Jurídico

Alessandra Mara de Freitas Silva	Edson Nakata Jr	Luiz F. do Vale de Almeida Guilherme
Alexandre Morais da Rosa	Georges Abboud	Marcelo Hugo da Rocha
Bruno Miragem	Henderson Fürst	Nuno Miguel B. de Sá Viana Rebelo
Carlos María Cárcova	Henrique Garbellini Carnio	Onofre Alves Batista Júnior
Cássio Augusto de Barros Brant	Henrique Júdice Magalhães	Renata de Lima Rodrigues
Cristian Kiefer da Silva	Leonardo Isaac Yarochewsky	Salah H. Khaled Jr
Cristiane Dupret	Lucas Moraes Martins	Willis Santiago Guerra Filho

Todos os direitos reservados. Não é permitida a reprodução desta obra sem aprovação do Grupo Editorial Letramento.

Dados Internacionais de Catalogação na Publicação (CIP)
Bibliotecária Juliana da Silva Mauro - CRB6/3684

C744t   Conceição, Eliane Barbosa da
Tributação justa, reparação histórica : uma discussão necessária / Eliane Barbosa da Conceição. - Belo Horizonte : Letramento, 2023.
106 p. ; 14 cm x 21 cm.

Inclui Bibliografia.
ISBN 978-65-5932-362-3
1. Política fiscal. 2. Política tributária. 3. Justiça econômica. 4. Reparação histórica. I. Título. II. Série.

CDU: 336.02
CDD: 339.5

Índices para catálogo sistemático:
1. Política fiscal 336.02
2. Política fiscal 339.5

LETRAMENTO EDITORA E LIVRARIA
Caixa Postal 3242 – CEP 30.130-972
r. José Maria Rosemburg, n. 75, b. Ouro Preto
CEP 31.340-080 – Belo Horizonte / MG
Telefone 31 3327-5771

CASA DO DIREITO
É O SELO JURÍDICO DO
GRUPO EDITORIAL LETRAMENTO

À amada mãe, Iracy Barbosa da Conceição
Ao amado pai, Paulo Faustino da Conceição [in memorian]

"Mas como [enquanto sociedade] tributamos e gastamos determina, em grande medida, se somos prósperos ou pobres, livres ou escravizados e, mais importante, bons ou maus"

(Adams, 2001, p. XXV).

"A justiça fiscal é o valor supremo do Estado que depende de impostos e, ao mesmo tempo, o valor supremo da comunidade de contribuintes"

(Klaus Tipke).

"O principal limite ao poder de tributar reside na vontade popular"

(Hugo de Brito Machado).

AGRADECIMENTOS

Como sabemos, o processo de escrita é solitário. Ele se dá, porém, em contexto povoado de gente, partilhas, conversas, trocas. Acho que tudo começa com alguns, dentre os amigos mais próximos, com os quais, por alguma razão, conseguimos nos fazer compreender ao apresentar uma ideia ainda disforme, uma reflexão ainda não muito bem fundamentada. Uma ideia, que para o futuro autor de uma obra faz sentido, mas que para a maioria das pessoas ainda não o faz. Quando ela é captada por alguns amigos próximos, eles se entusiasmam e de alguma forma a fortalecem. Com a minha ideia fixa sobre a tributação e as injustiças raciais não foi diferente. Venho há cerca de vinte e cinco anos com ela na cabeça, e ora aqui ora acolá, falava sobre o tema com algumas pessoas. Não era algo recorrente nem sistematizado. Uma vez ou outra a deixava aparecer em alguma conversa aqui, outra conversa ali. O fato foi que aguardei meio ansiosa que uma pessoa "mais importante" falasse publicamente sobre o tema. A Roseli Rocha foi certamente quem por mais tempo me ouviu sobre o assunto e mais recentemente a Renata Albuquerque. Elas não apenas me ouviam com entusiasmo, trazendo exemplos concretos para fortalecer a visão, como também, vim a saber esses dias, passavam essa ideia adiante, falando sobre o assunto com alunos – no caso da Roseli, na Fiocruz –, e amigos e familiares, no caso da Renata. Como não agradecer a essas duas queridas?

Em um início de noite do mês de julho de 2021, na última reunião online, de uma série de quatro, em uma atividade organizada pela Ashoka, para a qual o Rafa Murta me havia convidado, ouvi uma discussão entre duas gigantas da luta pela igualdade racial no Brasil, Diva Moreira, que apresentava um fragmento do seu futuro livro sobre o tema reparações, e Sueli Carneiro, que havia nos brindado com sua presença, especialmente para comentar o texto da primeira. Se consegui compreender bem, a questão era que, por um lado, sim, avaliava-se que a população negra, vitimada em uma pluralidade de dimensões na relação que historicamente estabelece com o Estado e sociedade brasileira, teria direito a reparações, inclusive, à indenização financeira. Por outro lado, no entanto, havia um impasse sobre a possibilidade de se encontrar caminhos viáveis para que a reparação econômica se efetivasse. No que guardo na memória, a questão foi discutida, mas no final do evento permanecia aberta, como ainda hoje está. Penso que, finalizada a reunião, comi alguma coisa e não demorei muito para me deitar e dormir. Como muitas vezes ocorre, quando caio no sono com alguma questão na cabeça, acordei com uma ideia fixa, em que a tributação figurava como um possível caminho para um tipo de reparação econômica daquela parcela da população. Naquela manhã do dia seguinte, enviei uma série de áudios e depois conversei com o Rafa Murta sobre a ideia. Ele me ouviu alvissareiro, instando que a trouxesse para o debate público. De lá para cá, não cesso de fazer isso. Agradeço assim, ao Rafa por aquela oportunidade. Agradeço às duas queridas, que vieram primeiro e nos abriram caminhos, Diva Moreira e Sueli Carneiro pela generosidade da partilha naquela noite!

Agradeço, do mesmo modo, ao Helio Santos que, ao me convidar, ou convocar, para escrever um capítulo de sua obra "A resistência negra ao projeto de exclusão racial" de algum modo me levou a sistematizar as ideias. Foi possível, naquele tempo exíguo que nos ofertou, obrigada professor Helio.

Agradeço também a minha família, amigas, amigos – antigos e novos – e "conhecidas/os", que em contato com o capítulo do mencionado livro, ou com as ideias nele apresentadas, de algum modo, mesmo que nem disso tivessem consciência, me encorajaram a permanecer nesse campo: Ana Luiza Monteiro, Ana Maria Brito, Ana Paula Rocha, Andreia de Jesus Rodrigues, Carolina Maria Bernardo, Caroline Rodrigues, Cida Bento, Claudia Helena Paixão, Dayse Rosas Natividade, Denise Costa, Eliane e Ricardo Valle, Fernanda Papa, Helen Simony e Ubiratan Duarte, Hugo Silvestre, Isadora Bispo, Jacqueline Costa, Joanes Barbosa, Josiane Oliveira, Jurema Araújo, Lena Garcia, Luciana Freitas, Marcelo Maia, Marcia Regina Ferreira, Max e Daniel, Paulo Sérgio Barbosa, Ricardo Januário, Sarita Ramirez, Samuel Vida, Susana Abranches, Sylene, Tatiana Dias, Ulysses Moreira, Verônica Alves Lima, Vilma Reis, e William Borges.

Finalmente, agradeço às pessoas e organizações que se uniram inicialmente em torno das ideias centrais daquele texto e juntas ampliamos os horizontes, expandimos os ideais e organizamos o ciclo de debates online "Tributação Justa, Reparação Histórica", dentre elas há amigos e amigas que poderiam ter sido mencionadas no parágrafo anterior, e algumas até o foram, mas aqui estão novamente porque atuaram coletivamente nessa construção. Agradeço a vocês porque o caminho que até aqui trilhamos juntos foi essencial para a ampliação da visão. Nossas reuniões semanais, conversas, dúvidas, esperanças, aflições me ajudaram a dar mais esse pequeno passo em direção ao aprofundamento da pesquisa necessária para tratarmos desse tema de modo mais contundente. Essa obra é também dedicada a vocês: Plataforma Justa (Luciana Zaffalon, Érika Medeiros); Reafro (João Nogueira); Oxfam-Brasil (Katia Maia e Jefferson Nascimento); CONTAG (Alonso Santos e Marcos); Unilab-CE (Geyse Anne da Silva; Profa. Matilde Ribeiro); PUC-SP (Prof. Pedro Aguerre); IBD (Prof. Hélio Santos); Uneafro (Douglas Belchior); Parlamentares, que atuaram por meio de seus assessores (Dep. Talíria Petrone, Dep. Dandara Tonantzin e Dep. Reginete Bispo); Assessores de mandatos parlamentares (Marcelo Ramos, Suelen Gonçalves, Livia Guilardi, Maria Eduarda Krasny e Cledisson Junior).

Como veremos na introdução, a presente obra foi concebida inicialmente como um texto para discussão, que não seria publicado, mas as coisas concorreram para que virasse o livro que a leitora tem nas mãos. Diante disso, agradeço muito especialmente a algumas pessoas: à irmã querida, Helen Simony Duarte, que concordou em ler e revisar o manuscrito no curtíssimo período, em que ele deixou de ser um texto para discussão, ou capítulo de uma coletânea, e se transformou no presente opúsculo. Do mesmo modo, e com muita alegria; agradeço ao amigo Pedro Aguerre, que acompanhou o trabalho desde o momento inicial, em que apenas foi tido como um texto para discussão não-publicável. Pedro leu todo o conteúdo e fez intervenções imprescindíveis; com entusiasmo, agradeço também ao querido Mario Theodoro, que topou embarcar nessa "aventura", e escrever o prefácio em tão curto espaço tempo. Agradeço de igual modo, à editora Letramento, que tornou possível essa publicação. Por fim, agradeço à nova e querida amiga, Daniela Olímpio, a parteira desse opúsculo. Daniela foi quem propôs a inclusão do texto em uma coletânea, abrindo a possibilidade de trazer a público mais amplo, o que havia sido planejado para ser acessado por poucas pessoas. Num segundo momento, foi ela quem conversou com a editora e veio com a ideia de fazer deste uma publicação autônoma. Foi tudo muito rápido. Este pequeno livro foi produzido em dois meses. Meses atravessados por reuniões do projeto, definições relativas ao Ciclo de Debates, aulas na Unilab e mudança para Brasília. Meu Deus! Nem sei como deu certo... Como foi gerado em circunstâncias tão adversas, o livreto tem falhas, sobre as quais assumo toda a responsabilidade.

sumário

15 APRESENTAÇÃO
Por Pedro Aguerre

21 PREFÁCIO
Por Mário Theodoro

25 1. INTRODUÇÃO

37 2. TRIBUTAÇÃO

39 2.1. A GESTÃO PRIVADA DOS RECURSOS PÚBLICOS

41 2.2. *TRIBUTAÇÃO E SEUS EFEITOS PARA A POPULAÇÃO NEGRA NO PAÍS*

43 2.3. TRIBUTOS: CONCEITOS PRELIMINARES, DEFINIÇÃO, ESPÉCIES, CLASSIFICAÇÕES E LIMITES.

43 2.3.1. CONCEITOS PRELIMINARES

43 *PODER DE TRIBUTAR E RELAÇÃO TRIBUTÁRIA*

45 *A CONSTITUIÇÃO E O DIREITO TRIBUTÁRIO*

46 *HIPÓTESE DE INCIDÊNCIA E FATO GERADOR*

47 2.3.2. TRIBUTOS E SUAS ESPÉCIES

49 *IMPOSTO E SUAS CLASSIFICAÇÕES*

56 2.3.3. *CONTRIBUIÇÕES SOCIAIS DE INTERVENÇÃO NO DOMÍNIO ECONÔMICO E DE INTERESSE DAS CATEGORIAS PROFISSIONAIS OU ECONÔMICAS.*

59 2.4. LIMITAÇÕES AO PODER DE TRIBUTAR

61 2.4.1. *PRINCÍPIO DA ISONOMIA TRIBUTÁRIA OU CAPACIDADE CONTRIBUTIVA*

63 2.4.2. *CONSCIÊNCIA FISCAL*

64 2.5. A REFORMA TRIBUTÁRIA EM CURSO

69	**3. REPARAÇÕES**
69	3.1. *HISTÓRICO*
79	3.2. *FUNDAMENTAÇÃO*
85	3.3. *PRECEDENTES*
89	3.4. *REPARAÇÕES NO SÉCULO XXI*
97	**4. TRIBUTAÇÃO E REPARAÇÃO: ALGUMAS CONSIDERAÇÕES**
103	**REFERÊNCIAS**

APRESENTAÇÃO

Por Pedro Aguerre[1]

O exercício de apresentar este livro seguirá, com algumas modulações, as duas acepções correntes, de trazer à presença do leitor a pessoa e a obra. Mas também tentará indicar, humilde e desabridamente, algum aspecto diferencial relevante: para onde aponta esta construção acadêmica e intelectual? E assim, preparar, e até orientar o leitor para que, sem tardar, possa ele – você – chegar às primeiras linhas da obra que tem em mãos e à rede tecida a partir do fio único que, antes do advento do mundo digital, molhava com tinta o papiro/papel, a caminho de uma construção de escrita, conduzido por uma sequiosa mão direita ou esquerda.

A presente obra tem traços autobiográficos. Aqui aparece, algumas vezes em primeira pessoa, uma esplêndida história de uma mulher, em uma de suas versões mais potentes. Embora desnecessário, explico: mesmo que sejamos todos, como testemunha Fernando Pessoa, unos e múltiplos, é raro

---

1 Pedro Aguerre: Graduado, mestrado e doutorado em Ciências Sociais pela PUC-SP, professor Assistente Doutor da FEA/PUC-SP. Desde 2018 atua na Pró-Reitoria de Cultura e Relações Comunitárias da PUC-SP. Integra a coordenação acadêmica do Fórum de combate ao Racismo do MPT e do Evento Afropresença. Publicações na área: CAMILO, J.A. O.; FORTIM, I.; AGUERRE, P. OLIVEIRA, J.A de CAMILO, I.F (Orgs.). Gestão de pessoas: práticas de gestão da diversidade nas organizações. 1. ed. São Paulo: Senac, 2019. 234p. e AGUERRE, P.; BOMFIM, M. V.; CRUZ, M. T, de S. (Orgs.). Permanência e Pós Permanência de jovens negras e negros no ensino superior: caminhos para a equidade étnico-racial. (EDUC/PUC-SP, 2022. 322 p.).

que o caudaloso rio de uma obra de fato apresente os múltiplos afluentes que vagarosamente, vindos de distintos lugares, caminham em sua direção e se integram ao fluxo maior que mira, de acordo com a metáfora, ao grande mar.

E aqui a metáfora, como esse grande rio, se modifica novamente, permitindo compor aquela imagem que devia estar desde sempre marcada no nosso inconsciente coletivo brasileiro: o rio termina no oceano da diáspora, devolve seu doce caudal àquele mar que assistiu impavidamente o testemunho de milhões de mulheres, crianças e homens escravizados de inúmeras nações de África, como Eliane denomina o continente berço-da-humanidade, transportados para Abya Yala, terra dos povos originários, descoberta pelos povos europeus para ser o maior experimento colonial já empreendido, e a seguir denominada como as Américas.

Numa empírica e quase leviana incursão pela psicologia, falar do Oceano Atlântico nestes termos é falar também de inconsciente coletivo, desse imenso submerso, onde repousam corpos, sonhos e histórias que não chegaram ao continente, que entregaria aos sobreviventes não só o jugo e a exploração, mas a terra úmida onde floresceram as sementes ancestrais, híbridas e miscigenadas (no sentido original, desassociado daquele outro que compactua e naturaliza a violência e o estupro sempre perpetrados) e as culturas que compõem o maior país africano de além-mar. E é de se perguntar: como se manifesta esse mar profundo no interior das práticas e perspectivas da branquitude, herdeira dos primeiros colonizadores? Dizendo de modo mais direto, como opera subjetiva e politicamente essa vivência de vantagens sociais usufruídas à custa de tantas e tantos impedidos de tangibilizar sua potência no desenvolvimento da nação?

Aliás, é impressionante para um homem branco, ao enveredar pela leitura de autorias negras, se deparar com a visão desse mar no Conto Farol das Almas, de Itamar Vieira Junior: "Em 1842, num espaço de três meses, dois navios

16 Eliane Barbosa da Conceição

que haviam saído do porto de Uidá, no Benim, carregados de homens e mulheres que seriam escravizados na Bahia, encalharam quase no mesmo ponto da costa, três léguas ao norte de Salvador"... Salvou-se a tripulação e poucos mais... (Doramar ou A Odisséia: histórias, 2021).

Assim como ocorre com cada um(a) de nós e com nossa Democracia, "Tributação e Reparação da população negra: uma provocação" é uma obra em construção. Mas sem deixar de ser madura, ciente e ciosa da responsabilidade de empurrar nosso horizonte para mais longe, como na descrição da utopia de Eduardo Galeano, ampliando o sentido da caminhada. E é parte de um projeto maior, um projeto de incidência, um projeto de mudança, que se soma a tantas vozes, lutas e reivindicações que marcam nossa História e se ampliam na história recente.

Como questionar que a reparação é o melhor – e talvez único - caminho para uma materialização definitiva desse belo sonho, que perpassa Luís Gama e Darci Ribeiro, e tantas mulheres, como Lélia Gonzales, e homens que, ao longo da história sonharam a nossa felicidade coletiva? A nossa construção como iguais tem algum outro caminho? Vale a pena percorrer mais à frente, em perspectiva comparada, a genealogia do conceito e experiências da Reparação.

O texto de Eliane recupera, aliás, como premissa, a teoria clássica do primado da economia como esteio das relações sociais, e tem bem presente que essa é a dimensão que se move incessantemente e que move toda a aventura humana, indicando, em suas tensões e contradições, uma história em permanente construção e superação dialética. Mas que, em palavras menos bonitas, define o destino das pessoas, como aquelas marcas a ferro da fome e precarização do trabalho que nos últimos anos testemunhou nosso país.

Aqui, torna-se finalmente necessário falar da importância e da centralidade da questão tributária, base para uma democracia ou para uma autocracia econômica. Como elidir da discussão da injustiça tributária, a partir da qual se definem os privilégios de uns e o peso amarrado aos pés de outros? O crime perfeito, oculto e fechado a sete chaves do olhar coletivo: o deslocamento, ao longo do tempo, da estrutura tributária da renda e do patrimônio para o consumo, apenando mais que proporcionalmente a população negra e liberando de impostos os brancos mais ricos e os proprietários de terras (como não lembrar da Lei de Terras de 1850 e do enxovalho histórico das grilagens e do avanço sobre nossas matas e recursos?). E os agravos fiscais inscritos nas linhas e entrelinhas das leis para os produtos básicos fundamentais para as mulheres, contrapostos à sub-tributação de bens de luxo... Ou a inóspita liberação, como tantas maldades cometidas em tempos formalmente democráticos, nas últimas décadas, já na vigência da Constituição de 1988, da tributação de lucros e dividendos, que superam, a cada ano, atingem centenas de bilhões de reais... Tributação indireta, direta, fundamentos morais da tributação, conceitos percorridos nesta obra por um caminho estreito e pedregoso entre o pragmatismo e a utopia!!

Agora que percorremos de forma impressionista pelas margens e profundidade da obra, é necessário complementar, por fim, com a autora. Mulher negra, carioca, jovem, de uma geração de oportunidades tardias, que viveu a maior parte de sua vida no século passado, talvez se preparando para as oportunidades e desafios que só o milênio e o Brasil poderiam oportunizar – por obra e graça da luta social dos movimentos negros, dos trabalhadores, da sociedade civil organizada.

Minhas interações com a Autora remontam aos momentos em que esta nossa geração, de maturação mais lenta que as anteriores e num momento em que havia muito poucas pessoas pretas nos espaços acadêmicos e de poder, começava a participar de espaços de incidência acadêmica e política. Conheci a Eliane na FGV-SP, em 2009, nos Seminários em Segurança Pública em que o professor Francisco Fonseca reuniu muitas mulheres (quase nenhum homem) que iriam, logo adiante, ocupar espaços de incidência em políticas públicas e direitos humanos, nas lutas progressistas empreendidas nos espaços governamentais e na sociedade civil.

A partir de sua importante e precursora tese de doutorado "Programa de promoção da igualdade de oportunidade para todos: experiências de ação afirmativa do Ministério Público do Trabalho (2003-2012)", que, embora disponível no repositório de teses da FGV-SP desde 2013, é de se esperar que ainda chegue, como livro ou novos artigos, para auxiliar de forma importante os leitores – e stakeholders - envolvidos na inclusão negra nas organizações (agenda hoje consolidada sob o título de Gestão da diversidade nas organizações). Atuamos ao mesmo tempo nessa área. Também nos encontramos, interagindo e nos auxiliando mutuamente, no Plano de enfrentamento à violência contra a Juventude Negra, no Governo Dilma, junto com Fernanda Papa, que também passou pelos Seminários. Aliás, o projeto de incidência que a presente discussão acadêmica apoia tem a parceria e presença da Luciana Zafallon, Diretora da Plataforma Justa, que também fez parte dos referidos Seminários.

Eliane é docente na Unilab, onde responde por disciplinas nas áreas de orçamento público, contabilidade pública e relações de raça e gênero, é líder do Grupo de Pesquisa do CNPq em Sociedade, Governo e Administração Pública e atualmente está cedida ao Ministério da Igualdade Racial.

Aos 20 anos, começou a estudar Direito Tributário na universidade Federal Fluminense, no Curso de Ciências Contábeis. Em seguida, passou a estudar sozinha mais profundamente o assunto, vindo a ampliar seus conhecimentos utilizando-se da biblioteca do escritório de direito tributário, em que trabalhou como gestora, sendo a única mulher negra. Ali percebeu que o salário elevado que recebia, o mesmo de seus colegas advogados do primeiro escalão do escritório, servia aos homens brancos para uma finalidade de aumento de um patrimônio que já era elevado de partida, enquanto para ela aquele recurso era destinado à sobrevivência, capacitação e auxílios a uma família que não dispunha das oportunidades e privilégios daquelas famílias brancas. Mas, ao invés de esgotar sua compreensão dessa alta remuneração (rara num país marcado por diferenças salariais glosadas por gênero e raça) como uma justa retribuição do trabalho, indignou-se com as contradições da operação do Direito e do sistema tributário, continuando a estudar o assunto até hoje, com autores como Nagel e Murphy, nos estudos de filosofia. E assim nasce "A parábola do Estado Malvado: tributos e população negra no Brasil", publicado no recente e importante "A Resistência Negra ao Projeto de Exclusão Racial – Brasil 200 anos (1822-2022)", organizado por Helio Santos (2022), sem ter ainda plena consciência de que tudo isso não se destinava às prateleiras das bibliotecas, mas a um outro destino que chega com a esperança em uma verdadeira união e reconstrução, a partir do novo Governo Lula, da agenda econômica, que se depara com os limites da atual representação parlamentar e, especialmente, da reforma tributária ora em discussão, mas que não se esgota nas duas etapas que estão atualmente em pauta. São, na verdade, agendas que, junto com as diversas frentes da luta antirracista, e em articulação com esferas como a Frente Parlamentar Mista Antirracismo, merecem e precisam chegar mais e mais aos movimentos sociais e se amplificar, visibilizando e anunciando oportunidades de transformação social, seja melhorando a reforma tributária em curso seja denunciando seus limites ou, ainda, indicando novos caminhos para a luta política.

PREFÁCIO

Por Mário Theodoro[2]

Este prefácio, antes de tudo, merece uma contextualização, que faço a partir de dois elementos. O primeiro tem a ver com o tempo de leitura e de digestão dos conteúdos, tão claras e didaticamente expostas pela Eliane Barbosa. Normalmente, é após uma segunda leitura que as ideias se assentam, os conceitos são melhor absorvidos, e a leitura flui mais densa, cadente, candente. E assim, a elaboração do prefácio, de um modo geral, torna-se quase que um ritual espontâneo. Neste caso em específico da obra em tela, por uma falta de organização minha, não consegui me dedicar o quanto queria, nem realizar minhas quantas leituras fossem necessárias para o nascituro do prefácio, que uma obra como a de Eliane mereceria. Entretanto, a fortuna nos vem por caminhos muitas vezes inusitados. O que aconteceu aqui é prova da sorte do prefaciador. O livro é de uma tal clareza, de uma

---

2 Mário Theodoro: Graduado em Ciências Econômicas pela UnB, Mestre em Economia pelo Programa Integrado de Mestrado em Economia e Sociologia – PIMES- UFPE e Doutor em Ciências Sociais pela Universidade Paris I – Panthéon-Sorbonne. Atualmente é Pesquisador associado do Programa de Pós-Graduação em Direitos Humanos da UnB (PPG-DH-UnB). Integra o Conselho Fiscal da Anistia Internacional – Brasil. Publicações na área: THEODORO, Mário. *Sociedade desigual*: racismo e branquitude na formação do Brasil. Rio de Janeiro: Zahar, 2022. THEODORO, Mário. As políticas públicas e a desigualdade racial no Brasil: 120 anos após a abolição / Mário Theodoro (org.), Luciana Jaccoud, Rafael Osório, Sergei Soares . – Brasília : Ipea, 2008

profundidade e ao mesmo tempo de uma didática admirável. Isso veio a encurtar meu caminho. Concisão, objetividade e, principalmente, a força de suas ideias fazem da obra um convite à boa leitura.

Removido o primeiro obstáculo, passemos à questão da temática do livro. Uma obra de tal monta, e que pretende tocar em questões ao mesmo tempo tão áridas como as das políticas públicas e, tão viscerais, como a da necessária reparação histórica já é, em si, um desafio. Trazer à tona o debate técnico, contábil, frio, atuarial, normativo, e contrapô-lo a temas de cunho absolutamente políticos e históricos, como o das reparações é, além de um ato de coragem e de grande visão política, também o resgate das questões nacionais, importantíssimas para que o Brasil volte a discutir seus rumos, seus problemas distributivos, suas desigualdades seculares e abissais. A confrontação dessas duas visões de Brasil (um Brasil técnico, frio, branco e, do outro lado, mestiço, criativo, miserável, desigual) me parece o ponto fulcral. O texto-livro propõe este grande desafio que é aposição da chaga da desigualdade a partir do debate entre uma visão histórico-política e, de outro lado, uma visão neoliberal e economicista do outro. Esta é a mesma perspectiva restrita e pseudopolítica que tem limitado grandes debates nacionais e que tem se revelado insuficiente para a proposição de saídas efetivas. Nem sempre, ou quase nunca o "Deus Mercado" têm as soluções que a população almeja e o país precisa.

Como enfatizado pela autora: *"Trata-se de um texto ainda em construção, que busca articular dois temas, que aparecem juntos com pouca frequência: tributação e reparação para a população negra. Unidas as duas palavras encerram uma ideia pouco palatável para uma sociedade que se acostumou a ver e tratar o segmento negro de sua população como inferior em dignidade humana."*

Esse segundo obstáculo, de lograr resgatar a questão da desigualdade com argumento fortes e cientificamente consistentes se mostra com o segundo grande ponto de importância do texto.

Assim posto, resta a este prefaciador alinhavar alguns pontos fortes do livro, ciente de que serão melhor absorvidos durante a leitura. É por certo o que ocorre com a proposta de abordagem metodológica, que alinhava quatro pilares para o debate e a consecução de uma ação reparatória, a saber:

"O pacote reparatório deve incluir:

(1) direito à memória e à verdade, implicando que o conhecimento acerca tanto da escravidão [como ela se deu no Brasil, no Continente Africano e em todo o mundo], como das consequências do escravismo no pós-abolição, deve ser garantido a todos;

(2) direito à justiça, em suas vertentes retributiva e restaurativa. No primeiro caso, a justiça se manifesta no comprometimento do Estado e da sociedade com o combate à impunidade, por meio da responsabilização tanto dos autores do crime de escravidão, como das instituições que lucraram com a economia escravista. Por outro lado, deve-se buscar a punição das práticas de racismo, em suas diversas formas de manifestação. Em sua vertente restaurativa, a justiça busca a reconstrução da identidade nacional, devolvendo às pessoas alvo de políticas segregacionistas e àquelas que ainda sofrem com práticas discriminatórias o sentimento de pertencimento à nação;

(3) o direito a reparações propriamente ditas, que inclui três elementos: o reconhecimento moral e político do crime de escravidão por parte do Estado e da sociedade; a reparação moral e o ressarcimento material das vítimas e seus descendentes; e a valorização do direito à memória e verdade, com vistas à construção de uma cultura nacional não-excludente e não-discriminatória, ou seja, de uma verdadeira democracia racial; por fim, deve integrar o pacote de ações reparatórias;

(4) a reforma das instituições. Quando se compreende que a ordem estamental brasileira foi gestada e se nutriu do escravismo, mantendo ainda hoje uma hierarquia social e econômica que privilegia os brancos, sobressai a necessidade de se desenhar um caminho para combater o racismo estrutural e institucional que moldam a atuação das instituições e organizações brasileiras."

Após profundas digressões teórico-metodológicas sobre as categorias de análise, como no próprio caso da tributação e de outros temas a serem discutidos nesse processo de verdadeiro debate aberto com a proposição do livro, e que aqui propositalmente não citarei sob pena de antecipar ao leitor essa odisseia, há que se ressalvar finalmente pontos de apoio da metodologia proposta que visam analisar a questão da dívida a partir de sua divisão em duas partes, a saber, seu lado material e seu lado imaterial, o que me parece um ponto de partida bastante ousado e criativo.

Por fim destaco a estratégia de debate global das finanças públicas e do sistema impositivo no formato de uma agenda de reforma tributária, cuja proposição é um dos pontos mais criativos do livro.

Há poucos anos vimos assistindo à gradativa chegada de pesquisadoras negras e negros à seara acadêmica. As cotas raciais para acesso às universidades tiveram um papel central. Pouco a pouco a geração que logrou ocupar esses espaços vem abrindo a academia para questões importantes, não apenas concernentes à questão racial, mas à nação como um todo. Este livro é um exemplo vivo de que a temática racial traz em seu bojo todo um construto novo de país. Um país mais igual. Mais justo, mais inteiro e democrático. Eliane, e toda sua geração, sejam bem-vindos, A reconstrução do Brasil nos aguarda.

1. INTRODUÇÃO

Este livro nasceu como um "texto para discussão", que não seria publicado de imediato, mas cumpriria duplo propósito: primeiro circularia como um documento de subsídio para o projeto "Tributação Justa, Reparação Histórica" e, depois, seu conteúdo serviria de base para uma obra mais bem elaborada, com publicação prevista para o próximo ano de 2024. Durante o processo da escrita, recebemos um convite para fazer dele um capítulo de uma coletânea, com as expositoras do seminário "A cor do tributo", realizado pelo Fórum Feminista 8M do município de Juiz de Fora (MG). Mas, as coisas concorreram para que fosse publicado de forma autônoma. Ante o acaso, que nos abriu essa possibilidade, aceitamos o desafio, e eis aqui o livro. Ainda que o seu conteúdo tenha muito a ser acrescido e aperfeiçoado, compreendemos que, como está, já traz algumas contribuições e proposições que julgamos importantes. Agradecemos a todas as pessoas que participaram desse processo, acreditando que a visão e propostas apresentadas no texto não apenas merecem ser consideradas e discutidas neste momento específico da história do país, adentrando o debate público sobre a reforma tributária em curso, mas também podem contribuir com o argumento teórico, além de trazer subsídios práticos para o fortalecimento da agenda de luta pela reparação da população negra no Brasil. Por fim, cabe ressaltar, que o presente parágrafo da introdução foi acrescentado ao manuscrito após decisão de publicá-lo no formato deste livro, com a finalidade de informar a você que está lendo. A partir do próximo parágrafo, ou seja, na próxima linha, você entrará em contato com documento em seu formato original. Boa leitura!

Este documento tem como principal finalidade oferecer aos expositores do ciclo de debates Tributação Justa, Reparação Histórica, subsídios e referenciais que possibilitem um alinhamento inicial na compreensão dos temas centrais do projeto – tributação e reparação. De fato, um grupo muito distinto de pessoas foram convidadas para compor as mesas, e essa pluralidade de formação e atuação política dos participantes é um ponto e uma exigência metodológica do debate proposto. Assim, visa também apresentar algumas questões que as organizadoras[3] do evento compreendem como ponto de partida para o debate. Por fim, o documento também oferecerá seu roteiro para uma palestra que será por nós proferida no Seminário "A cor do tributo", evento organizado pelo

---

3 O Ciclo de Debates online Tributação Justa, Reparação Histórica é fruto de um esforço conjunto de inicialmente duas organizações sociais: a Plataforma Justa e a Reafro, que ao tomarem contato com o texto "A parábola do Estado Malvado: tributos e população negra no Brasil" sentiram-se instados a ampliar o debate nele proposto. O processo de construção da agenda foi coordenado pela autora do texto em questão, a Profa. Eliane Barbosa da Conceição (Unilab-CE) e contou com a imprescindível participação do Prof. Pedro Aguerre (PUC-SP) e da estudante Geyse Anne da Silva (Unilab-CE). O grupo foi ampliado e fortalecido com os mandatos das Deputadas Federais Talíria Petrone (PSOL-RJ), Dandara Tonantzin(PT- MG) e Reginete Bispo (PT-RS). Junto com o apoio no Legislativo Federal, vieram também a OXFAM-Brasil e Confederação Nacional de Trabalhadores na Agricultura (CONTAG), além do Projeto de Extensão Lélia Gonzalez, Presente (Unilab-CE) e Grupo Diálogos de Extensão e Pesquisas Interdisciplinares (Unilab-CE), a Pro-reitoria de Culturas e Relações Comunitária da PU-SP e a Superintendência de Comunicação da Unilab-CE, que somaram esforços na construção dessa agenda. Além disso, obtivemos o apoio de diversas outras organizações e ativistas sociais, dentre os quais, as professoras Diva Moreira, Matilde Ribeiro e Vilma Reis e o Prof. Helio Santos. Dentre as organizações sociais negras apoiam essa iniciativa: IBD e UNEAFRO. Ganha vida também nesse processo o Centro de Estudo em Justiça Econômica, Desigualdades e Reparação (CEJEDR), organização social que nasceu para atuar no campo da educação fiscal e desenvolver estudos teóricos e empíricos sobre justiça econômica, distributiva e fiscal articulado com a questão da reparação da população negra.

Fórum Feminista 8M de Juiz de Fora, e apoio da Universidade Federal daquele município, a UFJF, que ocorrerá no dia 19 de julho do presente ano.

Trata-se de um texto ainda em construção, que busca articular dois temas, que aparecem juntos com pouca frequência: tributação e reparação para a população negra. Unidas as duas palavras encerram uma ideia pouco palatável para uma sociedade que se acostumou a ver e tratar o segmento negro de sua população como inferior em dignidade humana. Do que decorre que a população negra costuma ser vista como um grupo que não faz jus a reparações, nem em seu sentido amplo, nem no estrito. Nisso diferenciar-se-ia de grupos sociais não-negros, que tendo figurado como vítimas de crime contra a humanidade, receberam reparações simbólica e econômica pelas atrocidades contra eles perpetradas, como se verifica, por exemplo, nos casos dos judeus e nipo-estadunidenses no pós- Segunda Guerra Mundial.

Em países da diáspora, a ideia de reparações para o povo negro teve origem no século XIX, tendo emergido junto com os movimentos abolicionistas. Dialoga com a questão moral que propõe que, se um grave crime é cometido, a reparação se faz necessária. Mas, como reparar um povo que há séculos vem sendo subjugado, explorado e expropriado? Como sugere o parecer jurídico do Instituto dos Advogados Brasileiros, a reparação da escravidão é algo complexo, visto que "a dívida humanitária para com a população escravizada e seus descendentes não pode ser reduzida a números ou a uma dúzia de medidas políticas"[4]. Diante disso, é pacífico entre estudiosos e tomadores de decisão política que reparação é um conceito amplo, que inclui medidas de restituições não materiais e materiais.

---

[4] Instituto dos Advogados Brasileiros - Nacional. *Parecer Jurídico*. Rio de Janeiro: IAB-Nacional, 2019. p.2.

Dialogando com os elementos da justiça de transição[5], o pacote reparatório deve incluir: (1) direito à memória e à verdade, implicando que o conhecimento acerca tanto da escravidão [como ela se deu no Brasil, no Continente Africano e em todo o mundo], como das consequências do escravismo no pós-abolição, deve ser garantido a todos; (2) direito à justiça, em suas vertentes retributiva e restaurativa. No primeiro caso, a justiça se manifesta no comprometimento do Estado e sociedade com o combate à impunidade, por meio da responsabilização tanto dos autores do crime de escravidão, como das instituições que lucraram com a economia escravista. Por outro lado, deve-se buscar a punição das práticas de racismo, em suas diversas formas de manifestação. Em sua vertente restaurativa, a justiça busca a reconstrução da identidade nacional, devolvendo às pessoas alvo de políticas segregacionistas e àquelas que ainda sofrem com práticas discriminatórias o sentimento de pertencimento à nação; (3) direito a reparações propriamente ditas, que inclui três elementos: o reconhecimento moral e político do crime de escravidão por parte do Estado e da sociedade; a reparação moral e o ressarcimento material das vítimas e seus descendentes; e a valorização do direito à memória e verdade, com vistas à construção de uma cultura nacional não-excludente e não-discriminatória, ou seja, de uma verdadeira democracia racial; por fim, deve integrar o pacote de ações reparatórias, (4) a reforma das instituições. Quando se compreende que a ordem estamental brasileira foi gestada e se nutriu do escravismo, mantendo ainda hoje uma hierarquia social e econô-

---

5 O conceito de justiça de transição refere-se a um conjunto de medidas e processos adotados por sociedades em transição após períodos de violações graves de direitos humanos ou conflitos armados. Essas medidas têm o objetivo de lidar com o legado de abusos e injustiças cometidos durante esses períodos, buscando alcançar uma sociedade mais justa e estável. A justiça de transição procura equilibrar a necessidade de responsabilização pelas violações de direitos humanos com o objetivo de promover a reconciliação e a construção de um futuro democrático (IAB, 2019).

mica que privilegia os brancos, sobressai a necessidade de se desenhar um caminho para combater o racismo estrutural e institucional que moldam a atuação das instituições e organizações brasileiras[6]. Esse conjunto de ações integram o que, na literatura sobre o tema, é considerado reparações. Nos casos empíricos, em se efetivaram, verifica-se a materialização de muitos desses preceitos, como se deu no caso da reparação dos judeus, pela Alemanha Ocidental, como veremos mais adiante neste trabalho.

Em se tratando de reunir tributação e reparação em uma mesma reflexão, nossa atenção estará mais voltada para os aspectos da reparação material, ou indenização econômica, como aqui também será referida. Segundo a literatura consultada, na diáspora africana, a primeira decisão governamental que previu esse tipo de reparação para ex-excravizados foi a Ordem de Campo nº 15, do General Sherman – emitida, em 1865, durante a Guerra Civil estadunidense. Garantia 40 acres de terra e uma mula para cada afro-estadunidense liberto. A iniciativa ficou conhecida com a lei dos "40 acres e uma mula". Nos primeiros meses de sua vigência, quarenta mil pessoas libertas receberam um pedaço de terra. A medida foi, porém, descontinuada com a ascensão ao poder do presidente Andrew Johnson, que devolveu as terras aos antigos proprietários dos na altura ex-escravizados[7]. Dalí em diante, de tempos em tempos, essa questão ressurge na agenda de luta social nos Estados Unidos da América do Norte (EUAN), ora com mais forças, ora com menos.

No Brasil, o problema da reparação está posto pelo menos desde 1870, quando a expressão "A reparação do crime", figurou como título do terceiro e último capítulo do livro "A escravidão", do abolicionista pernambucano Joaquim Nabu-

---

6 Idem. p.14-18.

7 CRAEMER, Thomas. *International Reparations for Slavery and the Slave Trade. Journal of Black Studies*, vol. 49, no. 7, 2018, pp. 694–713. *JSTOR*. https://www.jstor.org/stable/26574589. Acesso 12 jan.2023. p 698.

co, obra que apenas viria a ser publicada postumamente, em 1951. Ocorre, no entanto, que o autor não desenvolveu o capítulo, deixando-o em branco, sem explicações. Os capítulos que o antecedem são intitulados, consecutivamente, "O crime" e "A história do crime". O roteiro da escrita sugere a reparação como o passo seguinte ao reconhecimento do crime que foi cometido contra todo um Continente e seus habitantes. A obra também indica que a questão da reparação estava posta antes mesmo da concretização da chamada Abolição, que teve lugar em 1888. Sueli Carneiro sugeriu que aquele título, de um capítulo não escrito, "talvez simbolicamente queira indicar a lacuna que está por ser preenchida na sociedade brasileira desde o século XIX"[8].

Embora na ausência do comprometimento governamental e da adesão social que o tema exige, durante todo esse tempo, ora com mais destaque, ora com menos, a ideia de reparação dos povos africanos e afrodescendentes figura no debate público, nacional e internacional. Apesar disso, apenas muito recentemente algumas medidas concretas começaram a ser adotadas nesse sentido, como são exemplos medidas adotadas pela Suíça, Holanda e nos Estados Unidos, sobre as quais discorremos mais adiante neste texto.

Além de figurar como vítima de um crime não reparado e sofrer limitações humanas e sociais que resultam das discriminações – tanto direta, que se manifestam nas experiências pessoais dos indivíduos, como dos efeitos da discriminação indireta, que acumulados no tempo são repassados de geração em geração –, no Brasil, a população negra paga tributos de um modo que, de uma perspectiva moral e política, deve ser considerado indevido[9]. Como será visto com mais deta-

---

8 CARNEIRO, Sueli. *Reparações e compilações. Portal Geledés*. São Paulo, 25 ago. 2000. Artigos e Reflexões. https://www.geledes.org.br/pilacoes/ Acesso: 27 jul. 2022.

9 (CONCEIÇÃO, Eliane Barbosa. *A Parábola do Estado Malvado: tributos e população negra no Brasil. In:* SANTOS, Helio (org). *A Resistência Negra*

lhes no segundo capítulo, isso ocorre por duas razões principais: primeiro porque é muito elevado o peso dos tributos indiretos na arrecadação total do país. Os tributos indiretos, que incidem sobre o consumo de bens e serviços, são por natureza regressivos, ou seja, exigem proporcionalmente mais de que tem menos[10]. Corroem o salário da população quando essa paga pelos bens e serviços que consomem, inclusive os essenciais, como alimentação, medicamentos e lazer. Não bastasse isso, no Brasil, os tributos diretos, que incidem sobre o patrimônio e a renda, e possuem por natureza maior propensão à progressividade[11], também são em grande medida regressivos. Isso porque aqui, para falar apenas da tributação sobre a renda os menores salários e a classe média "pagam proporcionalmente muito mais imposto de renda que os super-ricos".[12]

Então, no que diz respeito mais diretamente ao tema reparação, com o Ciclo de Debates queremos problematizar a pertinência de um regime fiscal sensível a essa questão. São duas perguntas centrais. A primeira está relacionada aos crimes cometidos, em território brasileiro, durante a escravidão contra os africanos para cá trazidos e seus descendentes; e a

---

ao projeto de Exclusão Racial: Brasil 200 anos (1822-2022). São Paulo: Jandaíra. 2022. p. 155-179.

10 Idem.

11 Entendemos por progressividade a situação em que, conforme se aumenta a renda do contribuinte, aumenta-se também a parcela da renda paga em impostos. Um imposto de renda altamente progressivo indica de maneira explícita o engajamento de um governo em intervir na distribuição de renda, tributando mais do que proporcionalmente a renda dos mais ricos (Lazzari; Leal, 2019). São regressivos os sistemas que arrecadam proporcionalmente mais de quem tem menos renda.

12 (OXFAM Brasil. *A distância que nos une: um retrato das desigualdades brasileiras*. Relatório redigido por Rafael Georges e coordenado por Katia Maia. São Paulo: OXFAM–Brasil, 2017, 94p. Disponível em:
https://www.oxfam.org.br/um-retrato-das-desigualdades-brasileiras/a-distancia-que-nos-une/. Acesso 12 jul. 22., p. 46

segunda, ao abandono da população negra, pelo estado brasileiro, no "pós-abolição". Ei-las:

Questão 1: Se, ante os crimes cometidos durante o período escravocrata, o Estado brasileiro figura como devedor de reparações à população negra, incluindo uma indenização econômica, por que essa parcela da população deve figurar como os principais pagadores de tributos no Brasil, como apontam estudos recentes[13]? A impressão que temos é que à medida que pagamos tributos de modo indevido, o nosso crédito para com o Estado cresce, ou seja, a dívida dele para conosco aumenta ainda mais. Hipótese que se fortalece quando consideramos a segunda questão.

Questão 2: Se no âmbito da propriedade privada e da habitação, assim como na garantia da educação, saúde, trabalho, segurança e demais direitos individuais, sociais, econômicos e políticos, o Estado brasileiro historicamente ofereceu tratamento diferente às parcelas negra e branca da população, por que na imposição dos tributos trata igualmente os dois grupos? Não é possível admitir que um grupo social que foi sequestrado e expropriado, e é continuamente desumanizado, explorado e perseguido entregue ao Estado parte significativa dos poucos recursos que muito esforço consegue obter, para que esse mesmo Estado pague juros da dívida pública a grupos de pessoas que há séculos se beneficiam do arranjo jurídico e econômico desse país.

Sobre a tributação, é nosso dever sublinhar que, no país, a participação nessa agenda pública sempre foi um privilégio do grupo dominante e, mais especificamente, dos setores econômicos mais influentes. Além disso, como aponta a literatura do direito financeiro, à semelhança do que ocorreu em outros países ocidentais, também aqui, a partir das últimas décadas do século passado, a tributação foi se tornando um elemento autônomo, desgarrado de outros elementos que

---

13 GOMES, João F.; RADA, Ruth Pereira di; CARDOMINGO, Matias R; NASSIG-PIRES, Luiza. Privilégio branco na estrutura tributária brasileira: uma análise interseccional de impostos diretos e transferências. Centro de Pesquisa em Macroeconomia das Desigualdades. Nota de Política Econômica. 22.11.2022.

integram o campo das finanças públicas, como a despesa, o orçamento e o crédito públicos. Essa lógica de atomização e discussão isolada da tributação, tanto no campo teórico das políticas públicas econômicas, fiscais e tributárias, como na prática política, compromete a compreensão da relação estabelecida entre esses elementos. Uma análise da tributação apartada dos dados sobre a despesa e a dívida públicas não nos permite responder questões simples como: de onde vem e para onde vão os recursos públicos? Quem acaba pagando a conta? Além disso, essa visão atomizada da tributação dificulta a compreensão do papel que ela pode desempenhar na política social do país.

Agora, mais diretamente ligado ao tema tributação, eis aí outro conjunto de questões sobre o qual gostaríamos do conversar no ciclo de debates Tributação Justa, Reparação Histórica, que será realizado no próximo mês de julho de 2023 e para o qual muitos dos que estão lendo a presente provocação recebeu convite para participar ou assistir. Está também programado para ocorrer no mês setembro do presente ano, ainda, um seminário presencial em Brasília, na Câmara dos Deputados, que será seguido de uma audiência pública. O primeiro evento tem por finalidade discutir a questão da tributação indireta, seus efeitos para a população negra e possíveis caminhos para mitigar os efeitos perversos da tributação indireta na renda da classe trabalhadora, articulando com o imperativo da reparação histórica da população negra.

Diante dos dois conjuntos de problemáticas apresentadas – aquelas sobre reparação e aquelas sobre tributação, no Ciclo de Debates são esperadas reflexões que girem em torno das seguintes questões: histórico da luta por reparação no Brasil, isoladamente, ou em perspectiva comparada; delimitação conceitual da categoria reparação; relação entre tributação e reparação; possibilidade de política de reparação na tributação direta e indireta e experiências internacionais correlatas; tributação indireta, despesas sociais e reparação. Sendo esses, porém, apenas alguns pontos que podem balizar o debate, pois cada participante poderá também trazer suas reflexões baseadas nas inquietações coletivas dos movimentos negros e de trabalhadores, ou no acúmulo teórico sobre os temas em questão, buscando, sempre que possível, articulá-los. Já, o segundo evento, o seminário presencial, fará esforço semelhante, mas voltado para a tributação direta, visando ampliar a repercussão dessas questões no debate público nacional.

Os dois capítulos seguintes representam uma tentativa de oferecer um resumo sobre o que julgamos serem os principais pontos acerca dos temas centrais do Ciclo de Debates. Buscamos com isso oferecer subsídios e referências para um alinhamento inicial na compreensão desses temas entre os grupos distintos de pessoas que foram convidadas para compor as mesas do Ciclo, já que essa pluralidade de formação e atuação política dos participantes é uma definição metodológica e uma exigência do debate, que visa garantir o espaço de manifestação das vozes interessadas e impactadas por essa agenda.

O capítulo seguinte, dedicar-se à tributação, discutindo o que são os tributos; suas espécies e classificações; os entes com competência para instituir tributos; princípios e limitações constitucionais ao poder de tributar e temas correlatos. Já no terceiro capítulo, a questão da reparação será enfrentada, considerando três dimensões: uma perspectiva histórica da busca pela reparação no mundo; os fundamentos das políticas reparatórias; e um olhar sobre iniciativas recentes de reparação do povo negro. Por fim, serão rascunhadas algumas considerações finais. Na realidade, o ciclo de debates "Tributação Justa, Reparação Histórica" se propõe a adensar, de modo mais participativo, a discussão sobre esse tema no Brasil, sendo assim, não podemos falar em considerações verdadeiramente finais. São provocações provisórias, devendo ser compreendidas apenas como referências a serem aprimoradas no processo de discussão.

Frisamos que o que segue deve ser tomado como um material básico e inicial de referência para subsidiar uma discussão. Não se trata de ensaios teóricos finalizados sobre os temas em questão. Dirige-se àquelas pessoas que desejam fazer, de modo articulado, um rápido apanhando sobre os assuntos que o Ciclo de Debates se propõe a discutir.

2. TRIBUTAÇÃO

Assim como ocorre na maioria dos chamados países desenvolvidos, o tributo é a principal fonte de receita do governo brasileiro, correspondendo ao longo dos últimos anos a aproximadamente 70% das receitas correntes no país[14]. Na teoria convencional do Direito, o conjunto formado pela receita, despesa, e crédito públicos se constituem em elementos centrais da atividade financeira do Estado. Atividade que, segundo essa visão, coincide com a própria missão essencial do Estado, que seria a promoção do bem comum, por meio da arrecadação e aplicação dos recursos financeiros, com o intuito de atender às necessidades públicas[15]. A atividade financeira do Estado se constitui em temas de interesse de subáreas específicas de diversos campos de estudo, e especialmente do Direito e da Economia. No primeiro caso, o direito financeiro, que é um sub-ramo do direito público, estuda as finanças do Estado, estabelecendo princípios e regras que regerão sua atividade financeira. Ocupa-se, assim, mais especificamente da normatização da receita, despesa, orçamento, e crédito públicos[16]. Já na Economia, a Política Fiscal se constitui como um conjunto de ações e medidas adotadas pelo

---

14 Conforme o Balanço do Setor Público Nacional (BSPN), uma publicação anual da Secretaria do Tesouro Nacional. O BSPN apresenta as contas consolidadas da Federação Brasileira. Congrega as contas de todos os poderes, Executivo, Legislativo e Judiciário, incluindo também o Ministério Público e a Defensoria Pública, e contempla as esferas Federal, Estadual, Distrital e Municipal.

15 LEITE, Harrison. *Manual de Direito Financeiro*. 9ª ed. rev. atual. e ampl. Salvador: JUSPODIVM, 2020, 832 p., 43-44

16 Idem.

governo para gerenciar as receitas e despesas públicas, visando atingir objetivos econômicos e sociais. Tradicionalmente é estabelecido que o objetivo da Política Fiscal é promover uma gestão financeira equilibrada dos recursos públicos, para assegurar a estabilidade e o crescimento econômico, o financiamento das políticas públicas e uma trajetória sustentável da dívida pública. Ou seja, a política fiscal não é apenas um instrumento da política econômica, mas assume também um papel central na política distributiva e na promoção da justiça social.

Assim, enquanto o Direito Financeiro estabelece as normas jurídicas para a gestão dos recursos públicos, a Política Fiscal é uma política governamental que busca atingir objetivos econômicos e sociais por meio da gestão das receitas e despesas públicas. Cabe destacar que para melhor avaliar a atividade financeira do Estado, compreendendo seus efeitos na sociedade e na economia, assim como sua relação com a política, é importante considerar em seu conjunto o comportamento da despesa e da receita, assim como da dívida pública. Segundo a literatura consultada, boa parte dos problemas das finanças públicas atuais, no Brasil e no mundo, derivam do fato de que esse caminho deixou convenientemente de ser observado. Com isso, as discussões e deliberações sobre o poder de tributar são realizadas de modo isolado, sem que se considere as suas relações com os demais elementos que a integram[17]. No Direito, o corte se deu entre o direito tributário e o direito financeiro. E na Economia, entre a gestão das receitas e aquela das despesas em conjunto com as dívidas públicas.

Em seu artigo 3º, o Código Tributário Nacional (CTN), Lei 5.172/66, define tributo como: "toda prestação pecuniária compulsória, em moeda ou cujo valor nela se possa exprimir, que não constitua sanção de ato ilícito, instituída em

---

17 MURPHY, Liam; NAGEL, Thomas. *O mito da propriedade privada: os impostos e justiça.* São Paulo: Martins Fontes, 2005/2002.

lei e cobrada mediante atividade administrativa plenamente vinculada". Assim, o tributo é uma obrigação junto ao Estado, de caráter pecuniário e compulsório; é instituído em lei, e não se apresenta como punição de um ato ilícito. observados os limites constitucionalmente estabelecidos".

Assim, como já mencionado nos parágrafos anteriores, e como observa Tathiane Piscitelli[18], essa definição não inclui a tributação no domínio mais amplo da atividade financeira do Estado, o que conduziria a uma apreensão mais imediata da finalidade pública do tributo. Assim apesar de a tributação se constituir parte integrante fundamental da atividade financeira, o conceito esboçado no artigo 3º do CTN o apresenta de modo autônomo e independente dos outros elementos que a integram. De fato, como ressalta a referida autora, a receita tributária tem por fim primordial a manutenção material da Administração Pública, que se ocupa não apenas das questões tributárias, mas também das relacionadas à destinação dos recursos arrecadados.

2.1. A GESTÃO PRIVADA DOS RECURSOS PÚBLICOS

Sobre o modo como o Estado brasileiro arrecada tributos dos particulares, sem os relacionar com uma entrega equânime dos serviços e bens públicos, Ricardo Lobo Torres[19] explica que, no país, as finanças públicas continuam, em grande parte, presas à moralidade privada, não chegando a tributação a ser vista como o preço a ser pago pela liberdade e como instrumento da justiça social. Políticos e teóricos do campo liberal compreendem os tributos como necessários ao bom andamento

---

18 PISCITELLI, Tathiane. Direito financeiro. 6ª. ed. rev. e atual. – Rio de Janeiro: Forense, São Paulo: MÉTODO, 2018.

19 LOBO TORRES, Ricardo. *Tratado de Direito Constitucional Financeiro e Tributário - Valores e princípios constitucionais tributários.* 2ªed. Rio de Janeiro: Renovar, 2014. 708p. p. 10-11.

das sociedades democráticas, como expresso na frase de Oliver Wendell Holmes[20], registrada na entrada do prédio do *Internal Revenue Service* em Washington, D.C. "os impostos são o preço que nós pagamos por uma sociedade civilizada[21].

Para Lobos Torres, esse comportamento fundamentado em regras do direito privado e não naquelas do direito público leva o Estado "a se apropriar da parcela da economia societal como coisa privada, sem se preocupar com a destinação pública do produto arrecadado e com a incidência fundada na ideia de justiça". Essa postura reflete-se também no comportamento do contribuinte, que de alguma forma, tende a evitar o pagamento do tributo, enxergando como legítimo o seu interesse individual de escapar dessa obrigação solidária. Em ambos os lados há uma incompreensão da coisa pública. Do lado do contribuinte, isso é o que ocorre no Brasil, mas também, em alguma medida, no mundo. Ao contrário do que se deu entre o final do século XIX – e mais especialmente, no período que sucedeu a Segunda Guerra – e também na década de 1970, atualmente, os grupos que acumulam património e renda estão menos dispostos a pagar tributos.

Lobos Torres[22] sugere que esse desvinculamento das finanças estatais do *ethos* público contribui para que muitos tomem esse tema como algo misterioso, e quase como um tabu. O que, a nosso ver, se apresenta como uma das razões para a falta de familiaridade de setores ativos da sociedade civil e do movimento social organizado em relação essa pauta. Algo que consideramos complicado e insustentável, quando se considera as implicações da atividade financeira do Estado na vida da população. Por isso o convite à reflexão sobre a questão da tributação, tema ao mesmo tempo árido para a popu-

---

20 Oliver Wendel Holmes foi um jurista estadunidense, juiz na Suprema Corte americana entre os anos de 1902 e 1932.

21 ADAMS, Charles. *For good and evil: the impact of taxes on the course of civilization*. 2ª ed. Boston: Madison Books, 2001. P, XXV.

22 LOBO TORRES, 2014, Op. cit. p. 17.

lação negra e o conjunto da sociedade, mas de fundamental importância, visto que afeta as condições de pertencimento ao todo social, perenizando discricionaridades e desigualdades na produção do bem comum.

2.2. *TRIBUTAÇÃO E SEUS EFEITOS PARA A POPULAÇÃO NEGRA NO PAÍS*

Embora pouco discutida no Brasil e mesmo nos países da América Latina e nos Estados Unidos da América do Norte (EUAN) – que são países etnicamente plurais – a questão da justiça fiscal vinculada aos impactos da tributação sobre grupos sociais minorizados, nunca passou evidentemente totalmente despercebida. De fato, essa discussão deriva de um debate que lhe é anterior, e se estabeleceu entre o final do século XIX e início do seguinte, nos países do velho continente e nos EUAN. Trata-se do debate sobre a justiça fiscal e seus efeitos para a classe trabalhadora e para as populações empobrecidas. Preocupação que se apresentou desde o período inicial em que a tributação como hoje a conhecemos passou a se impor como principal fonte de arrecadação de receita pública naqueles países[23].

Desde a segunda década no novo milênio, foi possível perceber a ampliação do debate internacional sobre a questão da justiça fiscal e dos efeitos da tributação para a população negra, tanto nos EUAN, como na América Latina[24]. No Brasil, estudos produzidos por Evilásio Salvador, Oxfam Brasil, sindicatos e órgãos representativos de trabalhadores da área fiscal e INESC, dentre outros, já apontavam para a necessi-

---

23 STEINMO, Sven. *Taxation and Democracy: Swedish, British and American Approaches to Financing the Modern State.* New Haven and London: Yale University Press, 1993.

24 Para a América Latina, ver estudos do BID (Judith Morrison) e nos EUAN, estudos de diversos centros de pesquisas, como o Center on Budget and Policy Priorities.

dade de um olhar específico para a questão da raça. Ainda assim, uma discussão que articula tributação e raça como tema central é muito recente. Para além da importante discussão acadêmica sobre a genealogia dos principais artigos, textos e informes que já foram publicados sobre esse tema no Brasil, sabe-se que são ainda poucos. Certamente, um dos primeiros estudos de maior fôlego data de 2020, e tem como título "O outro lado do orçamento público: sistema tributário e racismo estrutural", de Eduardo Gomor dos Santos. O texto foi publicado como capítulo do livro organizado por Elaine de Melo Xavier para tratar das questões de gênero e raça no orçamento público brasileiro. Em 2022 foi publicado, como capítulo de livro organizado por Helio Santos, o texto "A parábola do Estado malvado: tributos e população negra do Brasil", de nossa autoria. Neste ano (2023), foram lançadas duas obras, o livro "Tributação e raça: fabulações tributárias – uma imersão na teoria racial crítica do direito tributário", de Maria Angélica dos Santos; e a coletânea Tributação e Sociedade sob a perspectiva de mulheres tributaristas", organizada por Daniela Olímpio de Oliveira e Pryscila Regia de Oliveira Gomes, da qual participaram com autoras 28 mulheres, cada uma com um capítulo, desse dois exploraram o tema tributação e raça.

"A Parábola do Estado Malvado: tributos e população negra no Brasil" (PEM) nos parece inovador por pelo menos duas razões. Primeiro, convida a considerar não apenas a questão da falta de equidade do sistema tributário nacional, que seria passível de ajuste por meio de uma reforma que conjugue a redução do peso de tributação indireta no total arrecadado no país, com a criação de tributos efetivamente progressivos. O texto se questiona se os tributos pagos pela população negra ao Estado Brasileiro são de fato devidos, dado que, em todo o tempo, esse Estado a perseguiu, como ainda atualmente o faz. Além de que, até muito recentemente, a ela não houvesse entregado mínimas condições de habitação, educação e trabalho digno, entre outros direitos sociais, políticos e econômicos. Outro ponto importante é que o artigo sugere, embora ainda não aponte os caminhos, que a tributação pode servir como meio para a reparação de população negra, o que será tratado nas considerações finais do presente texto.

Passamos agora a apresentar uma visão geral simplificada da tributação no país, a partir do modo como geralmente é abordada pelos doutrinadores do direito tributário. "Visão geral simplificada" pode parecer um oxímoro, mas acreditamos que não seja o caso. De fato, buscaremos apresentar nas páginas a seguir uma noção geral da parte introdutória da doutrina tributária. Em nosso entender, a análise dos tópicos que aqui foram incluídos possibilita uma compreensão mais ampla do sistema tributário nacional, o que ajudará na compreensão da reforma tributária em curso no país. A principal fonte de consulta para a seguinte subseção é o trabalho clássico de Hugo de Brito Machado.

2.3. TRIBUTOS: CONCEITOS PRELIMINARES, DEFINIÇÃO, ESPÉCIES, CLASSIFICAÇÕES E LIMITES.

2.3.1. CONCEITOS PRELIMINARES

PODER DE TRIBUTAR E RELAÇÃO TRIBUTÁRIA

O poder de tributar é um aspecto da soberania estatal. É o poder, cuja titularidade pertence ao Estado, de instituir e cobrar tributos. Muitos argumentam que o tributo é uma das características mais antigas do poder político, sendo praticado há mais de 25 séculos. Nos Estados Democráticos de Direito, o poder tributário é exercido pelo constituinte, representando o povo, o verdadeiro titular da soberania. Em nosso país, esse poder é dividido entre a União, os Estados e Municípios e moldado pelos princípios tributários – também chamados de limitações ao poder de tributar. A delimitação jurídica do poder de tributar é chamada de competência tributária, que é a aptidão conferida às pessoas jurídicas de direito público para instituir e cobrar os tributos que lhe são atribuídos. Assim, no Brasil, os entes federados possuem competência tributária, que lhes é conferida pela Constituição Federal.

Como sugere, Hugo de Brito Machado, em todas as sociedades, a relação tributária é talvez a mais importante relação que existe entre o Estado e o indivíduo e, durante muito tempo, se estabeleceu como uma relação de poder. Ou seja, como uma relação que nascia, se desenvolvia e se extinguia em decorrência apenas da vontade do titular do poder constituído. Nos Estados Democráticos de Direito, isso não deveria ser assim. A relação tributária entre Estado e contribuintes deve ser de natureza jurídica, ou seja, uma relação que se estabelece em decorrência e nos termos de uma norma jurídica preestabelecida. Neste sentido, "a aparente supremacia do Estado sobre o contribuinte não decorre de uma superioridade jurídica que seja inerente ao Estado (...), mas decorre do princípio geral da prevalência do interesse público sobre o interesse particular"[25]. O poder de instituir tributo pertence unicamente ao Estado, sendo decorrência de sua soberania, mas aqui se esgota a sua superioridade. Em teoria, na aplicação do tributo, a relação entre os dois polos – Estado e contribuinte – é uma relação jurídica.

Ocorre, no entanto, que nem sempre é assim que as coisas se dão, visto que muitas vezes, o Estado faz prevalecer o seu poder, legislando em desobediência às normas constitucionais. O que no campo tributário se dá ação – no ato de cobrar tributos indevido –, e por omissão, quando o ente público deixa de cobrar tributos que lhe compete, como ocorre, com o Imposto sobre

---

25 MACHADO, Hugo de Brito. *Curso de Direito Tributário*. 31ª ed. rev. atual e ampl. São Paulo: Malheiros, 2015. P. 34.

Grandes Fortunas, por exemplo. Poder-se-ia, ainda, mencionar a possibilidade de o Estado violar direitos no âmbito do Judiciário, na apreciação de conflitos gerados na relação tributária.

A CONSTITUIÇÃO E O DIREITO TRIBUTÁRIO

A Constituição é um instrumento jurídico de organização do Estado, que estabelece limites ao poder estatal. Busca assegurar a liberdade, a dignidade e o bem-estar das pessoas na vida em sociedade. Como todos os demais ramos do Direito, o direito tributário deve ser totalmente submetido ao direito constitucional, que limita o poder de tributar e condiciona seu exercício. Assim, a Constituição da República (CR/88) estabelece as competências tributárias da União, Estados, Municípios e do Distrito Federal, indicando os fatos que o legislador de cada ente federado pode utilizar para definir as hipóteses de incidência dos respectivos tributos. Ao mesmo tempo em que limita o exercício dessas competências protegendo certos direitos individuais que o legislador constituinte considerou mínimos.

Conforme o artigo 146, inciso III, a, da CR/88 cabe à lei complementar, entre outros, estabelecer normas gerais em matéria de legislação tributária, especialmente sobre a definição de tributos e de suas espécies, além de definir os fatos geradores[26], base de cálculo e definição do contribuinte dos impostos nela (na CR/88) discriminados. É importante chamar atenção para o fato de que em nosso ordenamento jurídico, a lei complementar define parâmetros, mas não cria tributos.

---

26 Fato gerador é a situação concreta que ocorrendo na sociedade dá ensejo a exigência do respectivo ônus tributário para o contribuinte, por exemplo: receber salários mensais acima de R$ 2.112,01 é o fato que leva o Estado a exigir tributos dos trabalhadores. Outro exemplo: possuir um veículo automotor é o fator gerador do imposto sobre propriedade de veículos (IPVA), ou seja, é a situação concreta que dá ensejo à obrigação de pagar o IPVA.

Ou seja, não define a hipótese de incidência dos tributos, que é tarefa da lei ordinária[27].

HIPÓTESE DE INCIDÊNCIA E FATO GERADOR

Para compreender a diferença entre hipótese de incidência e fato gerador devemos recorrer à distinção entre prescrição normativa e realidade fática. A primeira está no plano da abstração jurídica, uma descrição de uma situação (um ato ou um fato) que pode vir a ocorrer ou não. O fator gerador é a materialização do que foi previsto na norma. Ou seja, ocorre o fato gerador quando o comportamento previsto na norma ganha concretude e acontece, efetivamente na vida das pessoas.

Por exemplo, a hipótese de incidência do Imposto sobre Propriedade de Veículo Automotor é "ser proprietário de veículo automotor". Isso é a descrição de uma situação prevista na norma jurídica. Neste exemplo, o fato gerador do IPVA ocorrerá, quando uma pessoa comprar um automóvel. Ante a ocorrência do fato gerador, essa pessoa passará a figurar como contribuinte do IPVA relativo ao automóvel em questão.

---

27 A doutrina sublinha duas principais diferenças entre lei complementar e lei ordinária, aquelas que consideram a matéria da lei e o quórum de parlamentares necessários de aprová-las. Conforme artigo 69 da CR/88, a lei complementar é aprovada por maioria absoluta (50% mais um, do total dos membros da casa legislativa em questão) e como versa o artigo da 47 dessa mesma Carta, a lei ordinária é aprovada por maioria simples (50% mais um, do total dos presentes na sessão legislativa em questão). No que concerne a matéria, ou seja, do assunto a ser tratado na lei, a diferença é que a CR/88 se manifesta expressamente sobre aquelas que deverão ser tratadas por lei complementar. Nos casos em que não houver a expressa exigência de lei complementar, usa-se, de modo residual, a lei ordinária.

2.3.2. TRIBUTOS E SUAS ESPÉCIES

Como vimos na abertura desta seção, o CTN, em seu artigo 3º, define tributo como toda obrigação devida ao Estado, que apresente cumulativamente as seguintes caraterísticas: (1) ter caráter pecuniário e compulsório, (2) ser instituído em lei; (3) não figurar como punição de um ato ilícito e (4) observar os limites constitucionalmente estabelecidos. O artigo 9º da lei 4.320/64, complementa essa definição, explicitando que o tributo: (5) é uma receita derivada, ou seja, é recurso que não tem sua origem na atividade financeira do Estado, nem em atividade em que o Estado atue na ordem social e econômica como um particular, mas advêm do bolso dos cidadãos; (6) tem seu produto destinado ao custeio de atividades gerais ou especificas exercidas pelas entidades de direito público que o criou.

Segundo o artigo 5º do CTN e 145, da CR/88, são três as espécies do gênero tributos: os impostos, as taxas e as contribuições de melhoria. Além desses, a CR/88 criou em seus artigos 148 e 149, os empréstimos compulsórios e as contribuições sociais de intervenção no domínio econômico e de interesse das categorias profissionais ou econômicas. Veremos as principais características dos impostos e das contribuições sociais, que são as principais espécies e, por isso, dever ser detalhadas para a compreensão do nosso sistema tributário.

Antes disso, porém, procederemos a breves comentários sobre cada uma das outras três espécies. Com relação às Taxas, a CR/88 estabelece as hipóteses em que os entes federativos podem institui-las, que são duas: pelo exercício do poder de polícia e pela utilização efetiva ou potencial, pelo contribuinte, de serviços públicos específicos e divisíveis a eles prestados ou postos à disposição pela administração pública. No direito brasileiro, o poder de polícia é facultado à administração pública, que dele pode dispor para limitar o exercício de direitos individuais, visando ao interesse público, em benefício do coletivo. Um exemplo de taxa é o valor pago para a emissão do passaporte, junto à Polícia Federal. O recurso arrecadado deve é chamado de vinculado, devendo ser utilizado para financiar o serviço de emissão de passaportes. Outro exemplo é a taxa de coleta de lixo, que os Municípios podem instituir.

A contribuição de melhoria tem seu fato gerador na valorização de um imóvel, quando isso decorre de uma obra pública. Tal como no caso da taxa, seu fato gerador também depende de uma ação estatal específica, que é a realização de uma obra pública. A contribuição de melhoria contribui para o alcance da justiça social, uma vez que visa evitar que proprietários de imóveis valorizados em decorrência de obra pública obtenham benefício maior que o auferido pela comunidade em geral. Num país tão desigual como o nosso, a cobrança desse tributo, somada a outras inciativas com o mesmo fim, contribuiria para a construção de uma sociedade mais equânime. Ocorre, porém, que a contribuição de melhoria é pouco utilizada no país. Para ser cobrada exige uma série de medidas a ser adotada pelo ente público executor, dentre as quais se inclui a publicação do orçamento da obra pública e o deixar livre o contribuinte para exercer seu direito de impugnar o respectivo valor. Hugo de Brito Machado sugere que essas exigências devam ser a principal razão pela qual a contribuição de melhoria se encontra em desuso no Brasil.

Importante destacar que, ao contrário do imposto, cujo fato gerador não está vinculado a qualquer atividade estatal específica, relativa ao contribuinte, a taxa e a contribuição de melhoria ganham existência exatamente por isso. Essas duas espécies têm seu fator gerador vinculado a uma atividade estatal específica relativa ao contribuinte.

Quanto ao empréstimo compulsório, há discordância quanto a sua natureza jurídica tanto entre os próprios doutrinadores do Direito, como entre os que dentre eles compreendem o empréstimo compulsório como tributo e o Supremo Tribunal Federal. Este em sua Súmula 418/1964, enuncia que "o empréstimo compulsório não é tributo, e sua arrecadação não está sujeita à exigência constitucional de prévia autorização orçamentária". Há também defensores de que essa Súmula foi superada. Não entraremos nessa discussão, apenas grifamos o que diz o artigo 148 da CR/88, para que tenhamos uma noção do que trata o empréstimo compulsório.

A Constituição da República diz que a União, e apenas ela, mediante lei complementar, poderá instituir empréstimos compulsórios em dois casos: (1) "atender a despesas extraordinárias, decorrentes de calamidade pública, de guerra externa ou sua iminência"; e (2) "no caso de investimento público de caráter urgente e de relevante interesse nacional". O parágrafo único desse artigo, também diz que – diferentemente da aplicação dos recursos arrecados a título de impostos que, em teoria, não é vinculada a despesas específicas – a aplicação dos recursos provenientes de empréstimo compulsório, tal como no caso da taxa e contribuição de melhoria, será vinculada à despesa que fundamentou sua instituição.

IMPOSTO E SUAS CLASSIFICAÇÕES

O imposto tem como fato gerador uma situação ou fato que independe da atividade estatal. O que gera a obrigação de pagar o imposto é um fato da vida econômica que revele algum tipo de riqueza ou disponibilidade monetária por parte dos cidadãos. Riqueza da qual o Estado retirará uma parte, a título de imposto. Alguns exemplos de situações que podem ser fatos geradores para o imposto: (1) auferir rendas, rendimentos de trabalho e lucro pode gerar imposto de renda (IR); (2) comprar uma casa na região urbana, pode gerar o Imposto sobre propriedade territorial urbana (IPTU); (3) comercializar mercadorias e prestar serviços de transporte interestadual e intermunicipal e serviços de comunicação, pode gerar o Imposto sobre operações relativas à circulação de mercadorias e sobre prestações de serviços de transporte interestadual e intermunicipal e de comunicação (ICMS).

Os impostos têm duas funções, a função fiscal e a extrafiscal. No primeiro caso, ele se presta como um instrumento para arrecadar os recursos financeiros que o Estado necessita. A função extrafiscal se verifica quando o imposto se presta como instrumento de intervenção do Estado nas atividades dos indivíduos e da sociedade, e, especialmente na atividade econômica. Ocorre quando o governo estimula as atividades que deseja e desincentiva as que, por alguma razão, considera inconvenientes à sociedade. Ou seja, esta última função está totalmente ligada aos fins que determinado governos queira dar ao Estado. Nessa ótica, o imposto pode servir tanto como instrumento para redistribuição de renda e riqueza, como para a concentração delas, o que vem ocorrendo no mundo em geral, conforme apontado por Piketty e no Brasil, especificamente, segundo estudos recentes.

Os impostos podem ser classificados de diversas formas. A depender do campo disciplinar em questão – se o Direito, as Ciências Políticas ou a Economia, por exemplo – tais modos de classificação podem ser considerados úteis ou inúteis. No Direito, por exemplo, tributaristas como Roque Antonio Carrazza e Hugo de Brito Machado entendem que a classificação dos tributos como "muito rentosos" ou "pouco rentosos" para a Fazenda Pública, a partir de critérios prefixados seria muito pouco útil para o Direito.[28] Para a Economia, porém, esse seria um critério de alta relevância. Alguns critérios de classificação poderão ajudar de maneira mais direta na compreensão do nosso sistema tributário, assim como do processo de reforma tributária em curso no país, vale analisá-los com atenção:

a. *A entidade competente*

Segundo o artigo 145 da CR/88, no Brasil, as entidades competentes para instituir tributos são a União, os Estados, o Distrito Federal e os Municípios. Na tabela abaixo listamos

---

28 MACHADO. op. cit, p. 67-8.

os impostos que a CR/88 autoriza a cada uma dessas pessoas de direito público.

Tabela 1 - Impostos segundo a entidade competente

Impostos Federais	Impostos dos Estados e DF	Impostos dos Municípios e DF
De importação (II)	Sobre transmissão causa mortis e doações de quaisquer bens ou direitos (ITCMD)	Sobre propriedade predial e territorial urbana (IPTU)
De exportação (IE)	Sobre operações relativas à circulação de mercadorias e sobre prestações de serviços de transporte interestadual e intermunicipal e de comunicação (ICMS)	Sobre transmissão de bens imóveis "intervivos" a qualquer título por ato oneroso (ITBI)
De renda e proventos de qualquer natureza (IR)	Sobre propriedade de veículos automotores (IPVA)	Sobre serviços de qualquer natureza (ISS)
De produtos industrializados (IPI)		
De operação de crédito, câmbio e seguro, ou relativas a títulos de valores mobiliários (IOF)		
De propriedade territorial rural (ITR)		
Sobre grandes fortunas[29]		

---

29 Este está previsto na CR/88, ainda não foi instituído e permanece carente de regulamentação. O primeiro projeto de lei visando a regulamentação do IGF foi apresentado ao Congresso Nacional ainda em 1989, é da autoria do então Senador Fernando Henrique Cardoso. A proposta foi aprovada no Senado no mesmo ano, mas forma necessários mais 11 anos para fosse analisado na Comissão de Finanças e Tributação da Câmara (CFT), instância no qual foi rejeitado no mérito, embora tenha obtido parecer favorável na Comissão de Constituição e Justiça e Redação da Câmara (CCJR). Ao longo dos anos, muitos outros projetos de lei foram propostos por deputados e senadores, apresentando, segundo Pedro Humberto Bruno de Carvalho, certa semelhança entre si: "com poucos artigos, poucas medidas antievasivas e texto simples. As principais diferenças dizem respeito à estrutura de alíquotas e limites de isenção. Para Carvalho (2015, p. 32), "o estabelecimento do limite de isenção é um fator muito importante, pois a alíquota efetiva

Impostos Federais	Impostos dos Estados e DF	Impostos dos Municípios e DF
Extraordinário de guerra		

Fonte: elaboração própria.

b. *O impacto no bem-estar dos contribuintes*

Na perspectiva econômica liberal, com a qual não nos alinhamos, os tributos geram desconfortos nos contribuintes, visto que reduzem sua disponibilidade de recursos – sua riqueza –, gerando assim, segundo essa visão, um desconforto nos indivíduos. O conceito de desconforto estaria ligado ao impacto objetivo da subtração dos recursos, destinados ao pagamento dos tributos, sobre as condições de sobrevivência das pessoas.

Diante disso, podemos ter como critério de classificação do imposto o impacto que seu pagamento traz aos diferentes grupos sociais, observando a relação existente entre o valor do imposto exigido e a expressão de riqueza sobre o qual ele incide. Por esse olhar, os impostos podem ser classificados como fixos, graduados, proporcionais, progressivos e regressivos.

---

do imposto é fortemente influenciada por ele. Quanto menor o limite de isenção, maior será a efetividade do imposto e menor o incentivo à transferência da titularidade da propriedade. Um menor número de alíquotas também inibe a transferência da propriedade, como forma a ser tributado por uma faixa menor". Observando o cenário internacional, pesquisa do Observatório de Política Fiscal da FGV, aponta que entre os anos de 1990 e 2017, houve redução do número de países da OCDE que cobram impostos sobre grandes fortunas, caindo de 12 para 4. Segundo o relatório da pesquisa, assinado por João Pedro Loureiro Braga e Manoel Pires, em 2017, França, Noruega, Espanha e Suíça eram os únicos países da OCDE que cobravam impostos sobre as grandes fortunas. A relativamente alta relação de custo-benefício e os riscos de fuga de capitais – em particular à luz do aumento da mobilidade do capital e do acesso a paraísos fiscais – são apontados como principais fatores que justificam esse cenário. (https://observatorio-politica-fiscal.ibre.fgv.br/politica-economica/pesquisa-academica/experiencia-internacional-do-imposto-sobre-grandes-fortunas-na)

O imposto fixo é aquele estabelecido em lei, diretamente, e sem que para sua apuração se faça necessário qualquer cálculo. Um exemplo é o ISS dos profissionais autônomos, que, apesar do imbróglio jurídico, é tido como um imposto fixo de valor anual. Isso significa, a título de exemplo, que não importa se profissional autônomo fatura R$ 500 mil ou R$ 50 mil ao ano – ou, em outras palavras, não importa qual é a expressão de riqueza do profissional autônomo – o valor do tributo devido será sempre idêntico. O tributo fixo é tido, assim, como um caso extremo de ataque aos padrões de justiça tributária, visto que afeta mais que proporcionalmente aqueles que auferem menos e possuem um estoque menor de riqueza[30].

O imposto graduado é aquele cujo valor é estabelecido' pela lei, diretamente, como anterior, mas com graduações em razão de alguma característica do contribuinte, como a maior ou menor capacidade contributiva. Enquanto, o imposto proporcional é estabelecido em percentual fixo (ou seja, em alíquota constante) e seu valor varia em função da expressão de riqueza, ou base de cálculo (renda, patrimônio etc.), sobre a qual incide.

O imposto também pode também ser progressivo ou regressivo, como tanto se tem falado no atual cenário de reforma tributária no Brasil. É progressivo aquele cuja alíquota aumenta à medida que 'aumenta a base de cálculo também aumenta, ou em razão de outro fator indicado em lei. O resultado é que o valor pago em tributo pelo contribuinte aumenta mais do que proporcionalmente o aumento da base de cálculo. O que significa que, quando um tributo progressivo é bem formatado, quanto mais ricas forem as pessoas, proporcionalmente mais imposto, pagarão. Filósofos liberais progressistas compreendem que a progressividade se baseia no princípio moral dos sacrifícios proporcionais. Esse princípio estipula que as pessoas "arquem com cargas tributárias proporcionais ao seu nível de bem-estar. Isso significa que, quanto mais rica a pessoa, tanto maior o sacrifício real que

---

30 MURPHY; NAGEL., 2005, Op. Cit. p. 18-9.

lhe deve ser imposto pela tributação. A única coisa igual para todos nesse esquema tributário é uma determinada proporção diferencial de bem-estar perdida pelo contribuinte.

Se bem implementado, o imposto progressivo se apresenta como um excelente instrumento para operacionalizar a justiça social, embora não seja suficiente visto que o estabelecimento da justiça social requeira outras medidas fiscais, inclusive no campo do dispêndio público. Além disso, é necessário estar atento para o fato de que a progressividade tributária se baseia no princípio da equidade vertical, que preconiza tratamento igualitário entre os que se encontram na mesma situação que dá ensejo ao tributo, como auferir rendas equivalentes, ser proprietário de imóveis de valor semelhante, entre outros. Desconsidera, outrossim, o princípio da equidade horizontal, que admite tratar de modo não igual àquelas pessoas que, por exemplo, embora aufiram a mesma renda, não disponham de patrimônio equivalente aos demais, como o exemplo pessoal da autora, que foi dado no texto "A parábola do Estado malvado" tributos e população negra no Brasil".

O imposto regressivo é aquele cuja alíquota diminui à medida que aumenta sua base de cálculo, o que leva a uma redução real do valor do tributo ante o crescimento da expressão da riqueza. Ou seja, mesmo que o valor do tributo cresça, esse crescimento é proporcionalmente menor que o crescimento da riqueza que o origina.

c. *A efetiva repercussão econômica*

Considerando agora o ponto nodal de saber, na verdade, sobre qual das pessoas envolvidas em determinada relação econômica recai o ônus pelo pagamento do tributo, se sobre aquela a quem a lei atribui responsabilidade ou sobre outrem, os impostos são divididos em diretos e indiretos. São diretos aqueles cujo ônus é suportado pela própria pessoa a quem a lei atribui o dever de pagar, que são, geralmente, os impostos sobre o patrimônio e a renda. Inversamente, os indiretos são aqueles cuja pessoa a quem a lei atribui o dever de pagar transfere o ônus para uma terceira pessoa. Salientamos que isso ocorre quando essas duas pessoas estão envolvidas em uma relação econômica da qual deriva o fato gerador do tributo. Como são exemplo as relações de venda de bens e serviços. Quem vende bens e serviços é o contribuinte de direito, conforme estipulado em lei. Mas essa pessoa termina transferindo o ônus do tributo para os consumidores. Como esse repasse ocorre ao longo da cadeia de produção e circulação, quem acaba arcando com o ônus do imposto é o consumidor final. De forma genérica, dizemos que os indiretos são aqueles tributos que recaem sobre a circulação de bens e serviços, como o IPI e o ICMS.

A divisão entre impostos diretos e indiretos é bastante recorrida, talvez a mais divulgada classificação de todo o gênero tributário. Parece ser mais presentes nas abordagens dos economistas, sendo, no entanto, bastante criticada na doutrina tributária.

d. *A função*

Como já vimos, os impostos podem exercer função fiscal e extrafiscal, mas além dessas, podem também exercer função parafiscal. No primeiro caso, os tributos são instituídos para cumprir sua finalidade precípua, que é a de propiciar a arrecadação junto aos particulares de recursos financeiros para os cofres públicos. São extrafiscais os impostos cuja função precípua é servir de instrumento governamental de interferência no domínio econômico, induzindo os agentes econômicos a adotarem certo comportamento. O tributo exerce função extrafiscal quando a arrecadação é destinada ao custeio de atividades de entidades que agem paralelamente ao Estado, exercendo atividades voltadas a programas sociais e de interesse público. As entidades paraestatais são pessoas jurídicas que, embora, não integrem a administração pública direta, atuam paralelamente ao Estado, manejando poderes públicos conferidos por lei.

e. *A incidência nas etapas do ciclo de produção e distribuição*

Os impostos que recaem sobre as atividades de produção e circulação da riqueza podem incidir cumulativamente ou não em cada etapa desse processo. Aqueles que incidem em cada etapa – seja na venda do bem semiacabado, na intermediação, ou no bem finalizado, para os consumidores finais –, sem que admitam uma dedução da parcela do tributo que foi paga na etapa anterior, são denominados impostos cumulativos. Esses crescem como uma cascata, visto que cada etapa do ciclo de beneficiamento dá ensejo ao pagamento do imposto, o que termina por encarecer em demasia a mercadoria adquirida pelo consumidor final. Isso porque os contribuintes de direito, aqueles apontados em lei como sujeitos passivos da relação tributária – geralmente o produtor e/ou os responsáveis pelos beneficiamentos do produto – terminam repassando o ônus para o próximo da cadeia produtiva, de modo que quem termina pagando toda essa conta é o consumidor final.

É não-cumulativo o imposto que, do mesmo modo, incide em todas as etapas do ciclo, mas, neste caso, o seu pagamento é feito de modo líquido. Ou seja, em cada etapa do ciclo de produção, o imposto é calculado e do montante apurado para o pagamento, permite-se que se subtraia a parcela de tributo que foi pago visto na etapa imediatamente anterior.

2.3.3. CONTRIBUIÇÕES SOCIAIS DE INTERVENÇÃO NO DOMÍNIO ECONÔMICO E DE INTERESSE DAS CATEGORIAS PROFISSIONAIS OU ECONÔMICAS.

Em nosso sistema tributário, as contribuições sociais se constituem em tributos cuja função precípua não é a arrecadação de recursos para os cofres públicos. Elas têm dois elementos que são essenciais à sua caracterização. Primeiro, a destinação dos recursos arrecadados a título de dada contribuição social é específica e constitucionalmente estabelecida, devendo ser aplicados no custeio da atividade estatal designadamente referida na CR/88 e destinada a uma categoria ou grupo de pessoas. Além disso, têm como contribuintes, pessoas que integram essa categoria ou grupo beneficiário dos recursos. As contribuições sociais são espécies do gênero tributo, e se desdobram em três subespécies. Mas, seguindo Hugo de Brito Machado, aqui as tomaremos como gênero, do qual derivam três espécies, sendo elas: (a) contribuições de intervenção no domínio econômico (CIDE); (b) contribuições de interesse de categorias profissionais ou econômicas (CICPE); e (c) contribuições de seguridade social (CSS). As duas últimas têm função parafiscal e as primeiras, função extrafiscal. Vejamos alguns detalhes sobre cada uma delas:

a. *Contribuições de intervenção no domínio econômico*

As CIDE têm função extrafiscal porque como registrado em sua própria denominação, elas não têm por finalidade primeira a arrecadação de receita pública, mas a intervenção do governo no domínio econômico. Embora, no final das contas, todos os tributos representem em certo grau uma intervenção do Estado no domínio econômico e social, aqueles chamados de neutros possuem por finalidade precípua a arrecadação de receitas públicas e não a intervenção.

As CIDE são vinculadas a órgãos do Poder Público que tenham a atribuição de desenvolver ações intervencionistas e ou de administrar fundos decorrentes da intervenção estatal. Os recursos que delas advêm devem também ser aplicados no custeio da atividade estatal interventiva. Apesar dessas características se constituírem, na verdade, em determinações constitucionais (CR/88, art. 149), o que se observa na prática em vigência no país, é o desvio de finalidade desse tributo, com a instituição de CIDE para fins evidentemente arrecadatórios.

Como exemplo de uma CIDE, pode ser citada, a CIDE-combustíveis. Esta foi criada pela Lei nº 10.336/2001, e incide sobre a importação e a comercialização de gasolina, diesel, querosene de aviação e derivativos, óleos combustíveis, gás liquefeito de petróleo (GLP), inclusive o derivado de gás natural e de nafta, e álcool etílico combustível. Conforme a Agência Senado, a CIDE-Combustível foi criada com a finalidade de assegurar um montante mínimo de recursos para investimento em infraestrutura de transporte, em projetos ambientais relacionados à indústria de petróleo e gás, e em subsídios ao transporte de álcool combustível, de gás natural e derivados, e de petróleo e derivados.

b. *Contribuições de interesse de categorias profissionais ou econômicas (CICPE)*

As contribuições sociais caracterizam-se como de interesse determinada categoria profissional ou econômica, quando destinada a propiciar a organização dessa categoria, fornecendo recursos financeiros para a manutenção dessa entidade associativa. São instituídas por meio de lei ordinária da União, favorecendo as entidades que representam categorias profissionais (trabalhadores) ou econômicas (empregadores). São, desse modo, tributos cuja arrecadação tem como objetivo fundamental o custeio de atividades de autarquias profissionais que, por sua vez, fiscalizam a conduta ética dos profissionais submetidos ao seu controle, gozando do poder de polícia corporativo. São exemplo: as contribuições instituídas em favor da OAB, dos conselhos fiscalizadores das profissões liberais, de sindicatos, dentre outros. Exercem função parafiscal, porque, como vimos, se constituem em espécie tributária cuja arrecadação é destinada ao custeio de atividades de entidades que agem paralelamente ao Estado, exercendo atividades voltadas a programas sociais e de interesse público. As entidades paraestatais são pessoas jurídicas que não integram a administração pública, mas que atuam paralelamente, manejando poderes públicos conferidos por lei.

c. *Contribuições de seguridade social (CSS)*

Conforme caput do artigo 194 da CR/88, a seguridade social compreende um conjunto integrado de ações de iniciativa dos poderes públicos e da sociedade, destinadas a assegurar os direitos relativos à saúde à previdência e à assistência social. As CSS têm como fundamento legal os artigos 195, I, II, e III, e seu § 6º, além dos artigos 165, § 5º e 194, VII da CR/88. Destinam-se ao financiamento da seguridade social, sendo exigidas de empregadores, trabalhadores e administradores de concursos prognósticos – dos quais são exemplos os populares jogos de cartela, como a loteria esportiva. Os recursos arrecadados por meio das CSS deveriam ingressar diretamente no orçamento da Seguridade Social, visto que não cabe serem administrados como se fossem uma parcela das receitas do Tesouro Nacional. De fato, o artigo 194 da CR/88, que trata dos objetivos da Seguridade Social, estabelece que sua organização deve observar o "caráter democrático e descentralizado da administração, mediante gestão quadripartite, com participação dos trabalhadores, dos empregadores, dos aposentados e do Governo nos órgãos colegiados". Normalmente essa participação se dá por meio dos Conselhos, sendo estes os conselhos ligados à Seguridade Social: Conselho Nacional da Previdência Social (CNPS), Conselho Nacional da Assistência Social (CNAS) e o Conselho Nacional da Saúde (CNS).

2.4. LIMITAÇÕES AO PODER DE TRIBUTAR

Como vivemos em um Estado de direito, não é ilimitada a competência para atuar como sujeito ativo da relação tributária, visto que o Direito funciona como um sistema de limites ao poder. Sistema esse que tem por finalidade restringir a liberdade de cada um como meio de garantir a liberdade de todos. Isso significa que, quando falamos em limitações constitucionais ao poder de tributar, estamos falando em direitos e garantias fundamentais. Assim, tais limitações são cláusulas pétreas, devendo, por isso, serem aplicadas com a interpretação constitucional aos direitos fundamentais, com base no princípio da máxima efetividade. Os direitos fundamentais devem ser interpretados de modo a ampliar direitos, e nos casos em que houver conflitos entre eles, a interpretação deve comportar uma concordância prática que permita a máxima efetividade, de modo que um não anule o outro.

Além disso, é importante destacar que o que está registrado na constituição é um rol mínimo a esse observado pelo ente competente, mas essa lista pode ser ampliada pelo legislador reformador constituinte.

No capítulo que a CR/88 dedica ao sistema tributário nacional, na seção II, os artigos 150 e 151 estabelecem *limitações ao poder de tributar*, que se dividem em Princípio e Imunidades constitucionais. Os primeiros são limitações ao próprio exercício do poder constitucional como um todo. Limitam a ação do poder de tributar, especificando o modo como a competência tributária deve ser exercida. Já, as imunidades são limitações que representam uma regra negativa de competência tributária. Como se viu, a Constituição outorga aos entes federativos a competência de instituir certos tributos, mas ao mesmo tempo, com base em determinados valores, aos quais atribui relevância, a mesma Constituição impede, por meio da imunidade, o exercício desse poder em certas situações, as quais, na ausência dessa limitação constitucional, poderiam ser tributadas.

Dentre os mais importantes princípios temos: a legalidade tributária; a isonomia tributária; a irretroatividade da lei tributária; a anterioridade da lei tributária; a vedação ao confisco; e a liberdade de tráfego. Exemplo de imunidades são: imunidade recíproca; imunidade dos templos, imunidade dos partidos políticos, imunidade das entidades sindicais e entidades de educação e de assistência social sem fins lucrativos e a imunidade dos livros, jornais e periódicos.

Nesta seção não examinaremos cada um desses princípios e imunidades, mas apenas o princípio da isonomia, além de uma terceira forma de limitação ao poder de tributar, que é a consciência fiscal, que será abordada mais adiante.

2.4.1. *PRINCÍPIO DA ISONOMIA TRIBUTÁRIA OU CAPACIDADE CONTRIBUTIVA*

O princípio da isonomia tributária deriva do princípio geral do Direito que, no caso de nossa Constituição, assegura que todas as pessoas são iguais diante da lei e garante a brasileiros de todos os grupos sociais e aos estrangeiros residentes no País, a inviolabilidade do direito à vida, à liberdade, à igualdade, à segurança e à propriedade, nos termos em que enuncia o artigo 5º da CR/88. A isonomia como princípio é alvo de constantes disputas, dado que, de fato, a lei não deve tratar a todos de igual modo, mas tratar, na forma da reconhecida sentença, igualmente os iguais e desigualmente os desiguais. Ideia que vem sendo afirmada há mais de um século, ou pelo menos, no Brasil, desde 1921, ano em que foi pela primeira vez proclamada em "Oração aos Moços", o célebre discurso de Rui Barbosa, sendo aquele também o ano de lançamento da obra do constitucionalista francês Léon Duguit, que continha a mesma formulação.

Parafraseando Rui Barbosa, a regra da igualdade consiste em contemplar desigualmente os desiguais na medida de suas desigualdades, residindo aqui, nesse tratamento socialmente desigual, a verdadeira lei da igualdade. Diante disso, como ressaltou Hugo de Brito Machado, cabe estabelecer o critério de discriminação e relação entre esse critério o objetivo que o legislador pretende alcançar com a norma. Por exemplo, a lei 12.711/2012, que institui, como ação afirmativa, as cotas universitárias, visando beneficiar para o ingresso no ensino chamado superior, entre outros grupos, a parcela de estudantes oriunda da escola pública, elegeu, para esse caso específico, o haver realizado todo o ensino médio em escola pública como critério de discriminação, ficando assim evidente a relação entre esse último parâmetro e o objetivo da norma.

Em regra que nada acrescenta ao princípio geral da isonomia, a CR/88, em seu artigo 150, II, estabelece, que sem prejuízo de outras garantias asseguradas ao contribuinte, é vedado aos entes com competência tributária "instituir tratamento desigual entre contribuintes que se encontrem em situação equivalente, proibida qualquer distinção em razão de ocupação profissional ou função por eles exercida, independentemente da denominação jurídica dos rendimentos, títulos ou direitos". A regra, porém, é importante quando exclui a ocupação profissional ou função exercida pelo contribuinte como critério de discriminação, o que, em caso diverso e contrário, poderia ser usado para beneficiar alguns grupos sociais influentes, como já o foi no passado.

O artigo 151 do texto constitucional, estabelece ainda que é vedada, aos entes públicos com competência tributária, a instituição de tributos que não seja uniforme em todo o território nacional ou que implique distinção ou preferência em relação a algum ente federativo, em detrimento de outro, admitindo, porém, a concessão de benefícios fiscais destinados a promover o equilíbrio socioeconômico entre as diversas regiões do país.

É no artigo 145, §1º, que a CR/88 traz a regra mais cara à justiça fiscal, instituindo o princípio da capacidade contributiva, conceito que mais se aproxima da ideia de justiça tributária, entendida sob o ponto de vista econômico-jurídico. Segundo esse dispositivo, "sempre que possível, os impostos terão caráter pessoal e serão graduados segundo a capacidade econômica do contribuinte". Para conferir efetividade a esses objetivos, o texto constitucional faculta à administração tributária, identificar o patrimônio, os rendimentos e as atividades econômicas do contribuinte, respeitados os direitos individuais e atendo-se aos termos da lei.

A distribuição da carga tributária de acordo com a capacidade contributiva dos indivíduos remete à lógica de que os tributos, tendo por finalidade o bem comum, devem amoldar-se às situações individuais, levando a um tratamento isonômico dos contribuintes, especialmente no que se refere ao seu sacrifício individual em prol do interesse coletivo. Princípio que somente pode ser colocado em prática quando é concretizada a máxima de Rui Barbosa a respeito da isonomia, que afirma que a igualdade advém do ato de oferecer tratamento desigual aos desiguais, à medida em que se desigualam.

2.4.2. *CONSCIÊNCIA FISCAL*

No capítulo em que CR/88 se dedica ao sistema tributário nacional (art. 150 com seus incisos e parágrafos), a seção II versa sobre as limitações ao poder de tributar. O § 5º do referido artigo, que ainda está carente de regulamentação, estabelece que "a lei determinará medidas para que os consumidores sejam esclarecidos acerca dos impostos que incidam sobre mercadorias e serviços". Hugo de Brito Machado compreende que não é por acaso que essa previsão se encontre justamente na mencionada seção. O jurista defende o argumento de que o principal limite ao poder de tributar reside na vontade popular. Os cidadãos precisam ter consciência fiscal, sentir-se contribuintes, o que se torna muito difícil no enevoado sistema tributário vigente e, particularmente, diante do uso indiscriminado da tributação indireta.

Para Aliomar Baleeiro, numa democracia é necessária uma consciência nítida da parte que cabe a cada cidadão na distribuição das despesas que são indispensáveis ao funcionamento do Estado, nas palavras do autor:

> Mas, ainda assim, é manifesta a insensibilidade fiscal: muita gente pensa que não paga impostos e muita gente nada pensa a respeito deles. Daí resulta a indiferença da maior parte em relação aos mais importantes problemas públicos, malogrando-se o regime democrático pela falta de adesão ativa e efetiva de todos os cidadãos.
> Ora, na realidade, nem os mendigos escapam ao Fisco. Quando aplicam em compras as esmolas recebidas, suportam, pelo menos, o imposto de consumo e o de vendas, dissimulados no preço das mercadorias. Mais de dois terços das receitas federais e estaduais não são "sentidos" pelos contribuintes. Os fenôme-

nos da repercussão e amortização e difusão de impostos explicam essa insensibilidade.[31]

Tal situação – que sem dúvidas, ainda perdura, atingindo a todos, inclusive aqueles despossuídos, que se encontram em situação de rua, justifica plenamente o dispositivo constitucional prevendo que a lei determinará medidas para que os consumidores sejam letrados acerca dos impostos que incidem sobre mercadorias e serviços. Aliás, talvez se faça necessário um letramento mais abrangente, sobre todo o sistema tributário, dada a situação em que chegou a sociedade brasileira, em que mesmo pessoas bem-formadas em áreas diversas, que não o Direito e a Economia, mas inclusive, nas ciências sociais, pouco compreendem como os tributos afetam as suas vidas.

2.5. A REFORMA TRIBUTÁRIA EM CURSO

O sistema tributário nacional é reputado como regressivo. Há diversos estudos mostrando como, a partir do final da década de 1980 – paradoxalmente coincidindo, no plano interno, com a retomada da democracia, do estado de Direito e da promulgação da CR/88; mas, ao mesmo tempo, em consonância, com as transformações perversas do sistema capitalista no cenário internacional – nosso sistema tributário foi se tornando cada vez mais injusto, visto que a carga tributária passou a recair mais pesadamente sobre as populações mais pobres, ficando os mais ricos proporcionalmente desonerados.[32]

---

31 BALEEIRO, Aliomar. *Uma introdução à Ciência das Finanças*, vol. I, Rio de Janeiro, Forense, 1995, pp. 239-240.

32 SALVADOR, Evilásio. *As Implicações do Sistema Tributário Brasileiro nas Desigualdades de Renda*. Brasília: INESC, OXFAM- Brasil, 2014. Disponível em https://www.inesc.org.br/wp-content/uploads/2019/04/Sistema_tributario_e_desigualdades_evilasio.pdf. Acesso: 11 nov. 2022.

GOBETTI, Sergio; ORAIR, Rodrigo. *Progressividae Tributária: a agenda esquecida*. Brasília: IPEA, 2016.

Disponível em: https://portalantigo.ipea.gov.br/agencia/images/stories/PDFs/TDs/td_2190.pdf. Acesso: 20 fev. 2020.

Embora amplamente referida como Reforma Tributária, a agenda em curso no Congresso Nacional desde 2019, visa corrigir aspectos procedimentais da tributação sobre o consumo. São duas as propostas em tramitação, na Câmara dos Deputados e Senado, respectivamente, as PEC 45 e 110, que em suas versões mais recentes têm mais similaridades do que diferenças. Ambas visam simplificar o modo como operam os tributos sobre o consumo de bens e serviços no país, que de fato, é muito complicado, incluindo impostos federais, estaduais e municipais, e contribuições sociais federais, com variadas bases de incidência.

Em entrevista concedida à publicação Brasil de Fato[33], no dia 14 de março deste ano, David Deccache, economista e assessor do Psol na Câmara dos Deputados, fez um resumo das duas propostas, mostrando em que se complementam ou colidem. Para ele, a PEC 45 trata especificamente da simplificação tributária, unificando vários tributos incidentes sobre o consumo em um único que é chamado de Imposto sobre Bens e Serviços (IBS). Para ele, esse processo de simplificação pode contribuir para a redução das desigualdades regionais. Isso porque, o IBS será tributado no local em que o bem e serviço forem consumidos, ou seja, no local de destino. Do modo como as coisas se dão no Brasil hoje, a tributação sobre bens e serviços é um mix de tributação na origem, onde a mercadoria é produzida, e no destino, onde a mercadoria é consumida.

Deccache argumenta que, ao privilegiar a tributação na origem, o sistema favorece um desequilíbrio regional, visto que as receitas da tributação indireta ficam nas cidades que têm uma maior sofisticação econômica, mais empreendimentos econômicos, e não necessariamente nas cidades de maior

---

33 SAMPAIO. Cristiane. *Reforma tributária: entenda as diferenças entre propostas, as polêmicas e os desafios*: Em conversa com BdF, economista David Deccache destrincha aspectos da pauta, entre eles o chamado "imposto seletivo". *Brasil de Fato*. Brasília (DF), 14 mar. 2023 https://www.brasildefato.com.br/2023/03/14/reforma-tributaria-entenda-as-diferencas-entre-propostas-as-polemicas-e-os-desafios. Acesso: 19 mar. 2023.

densidade populacional. A PEC propõe que a tributação seja exclusivamente no destino, ou seja, no local onde as pessoas vivem, consomem e também utilizam os serviços públicos.

Desse modo, a nova regra levará a uma redistribuição de receitas dos estados e municípios mais desenvolvidos para os menos desenvolvidos. Porém, os entes federativos que são favorecidos com o sistema atual, oferecem resistência a esse ponto da PEC. Por essa razão, a PEC prevê um período longo, de 50 anos, para a transição de um para o outro regime, sendo essa a forma encontrada para tentar administrar a transição de regimes diminuir a pressão dos prefeitos e governadores que perderiam receita de forma muito abrupta.

Comparando os dois textos das PEC 45 e 110, ambas de 2019, concorda que são semelhantes porque partem do mesmo diagnóstico e compartilham o mesmo objetivo de promover tanto uma unificação de diversos tributos como a alteração do local de incidência. As principais diferenças são que a PEC 45, propõe a junção de cinco tributos em um único imposto. Desses cinco, três são de competência da União – o PIS, a Cofins e o IPI –, e os outros dois, dos entes subnacionais, o ICMS, que é dos estados, e o ISS, dos municípios. O novo imposto criado para substituir esses cinco seria o Imposto sobre Valor Adicionado, IVA, de competência da União.

Já a PEC 110 cria o chamado IVA dual, propondo a criação de dois tributos para substituir aqueles cinco. Assim, seriam criados a Contribuição Social sobre Bens e Serviços (CBS), de competência da União, para ficar no lugar do PIS, Cofins e IPI. Além do Imposto sobre Bens e Serviços (IBS), de competência dos estados, esse substituiria o ICMS e ISS. Para Bernard Appy, o secretário extraordinário da Reforma Tributária, qualquer uma das duas propostas apresentadas é melhor do que o modelo atual. Em termos do modelo de tributação essa é a principal diferença entre as duas PEC, mas há outras diferenças mais substanciais, como, por exemplo, a possibilidade de concessão de benefícios fiscais, uma vez que a PEC 45 não permite que isso ocorra. Isto impede, por exemplo, que sejam criadas alíquotas diferenciadas em função da essencialidade de bens como os da cesta básica, por exemplo. A PEC 110 abre essa possibilidade, sendo possível ter critérios para produtos essenciais, como alimentos, medicamentos, alimentação para gado, entre outros. Logo, a PEC 110 abre uma série de possibilidades para benefícios fiscais relevantes para a justiça fiscal.

Como fica evidente no resumo acima apresentado, a reforma sobre a qual o Congresso Nacional se debruça neste primeiro semestre de 2023 trata apenas da tributação indireta. Como já vimos neste texto, em teoria os tributos indiretos são regressivos e por tanto, menos honestos, menos transparentes e menos educativos que os diretos. Sabe-se, porém, que ante a dificuldade de os países ocidentais arrecadarem tributos das pessoas mais ricas, houve nos últimos 50 anos uma escalada gigantesca e desproporcional da tributação indireta. Estima-se que cerca 70% a população mundial paga esse tipo de tributo, especialmente nos chamados países em desenvolvimento, sofrem, assim, com a ampliação indiscriminada dessa modalidade. É fato que todos os consumidores terminam por pagar tributos sobre bens e serviços que adquirem no mercado, sejam itens de primeira necessidade ou não. O Brasil tributa o consumo há um século, desde a década de 1920. O nosso principal tributo sobre o consumo, o ICMS deriva de pelo três outras espécies que o antecederam. Embora seja aplicado no Brasil há um século, também aqui escalou, respondendo hoje por cerca de 45% do total que o país arrecada. Sustentamos e frisamos que a tributação indireta apresenta problemas principiológicos, visto que incide proporcionalmente mais na renda dos mais pobres.

De fato, o Brasil precisa de reforma que reduza a tributação indireta e aumente a direta, que incide sobre o patrimônio e a renda. Mas a reforma tributária que está em curso no Congresso, conquanto necessária, visa principalmente trazer solução para problemas técnicos e procedimentais da tributação indireta, não resolvendo a questão moral e política trazida à discussão. Deve, portanto, ser compreendida como a primeira parte de uma reforma necessária, que tome ambas as dimensões em conjunto, em sintonia com o arcabouço normativo constituído no período democrático brasileiro. É intuito desta contribuição ao debate insistir no fomento à consciência fiscal, assim como, da mesma forma, consideramos ser nosso dever chamar a atenção, trazer ao debate público e reivindicar a segunda parte da reforma, defendendo o aumento da tributação efetiva dos grupos que acumulam patrimônio e renda, em sintonia com os princípios constitucionais definidos pelo soberano do poder político, ou seja, o povo, por meio de representantes eleitos. Embora a CR/88 tenha sido elaborada por um congresso parlamentar não exclusivamente constitucional, está em jogo o respeito à Carta Magna.

3. REPARAÇÕES[34]

3.1. *HISTÓRICO*

A leitura da escravidão como crime que deveria ser corrigido por meio de reparação cedo encontrou lugar nos países da diáspora, tendo emergido junto com os movimentos abolicionistas. Apesar disso, a compreensão sobre o sentido da palavra e suas exigências concretas não confluíram em uma mesma direção. Os dois exemplos trazidos na introdução deste texto, um ocorrido no Brasil e o outro nos Estados Unidos da América do Norte, sugerem que pelo menos uma ideia sobre reparação encontrou lugar nesses países ainda no século XIX. Trata-se, no Brasil, da obra "inacabada" – ou, como assim nos parece – de Joaquim Nabuco, escrita em 1870, e nos EUAN, da Ordem de Campo nº 15, emitida pelo general Sherman, em 1865, que previa a entrega de "quarenta acres e uma mula" para cada afro-estadunidense liberto. Tais eventos guardam certas distâncias, especialmente no que concerne ao modo explícito como a Ordem de Campo nº 15 trata da indenização econômica, o que parece ter marcado o histórico de luta por reparação naquele país. De modo que, desde o final do século XIX, em alguns momentos com mais força do que em outros, a demanda por indenização econômica sempre

---

34 As principais fontes de consulta para a redação dessa seção foram as seguintes: os trabalhos de Rhoda E. Howard-Hassmann, Ali A. Mazrui eThomas Craemer; o Parecer Jurídico da Comissão de Igualdade Racial do Instituto dos Advogados Brasileiros (IAB), que tratou dos aspectos jurídicos da Reparação da Escravidão; e os trabalhos clássicos de Eric Williams, Frantz Fanon e Walter Rodney.

esteve presente naquele país, enquanto no Brasil, como em outros países do mundo, esse olhar para a dimensão econômica da reparação é mais recente.

No Brasil do final do século XIX, a ideia de uma contrapartida financeira pelo crime da escravidão foi moldada pelo pensamento panafricanista, que adotava "uma vertente de reparação sobretudo direcionada ao continente africano e tinha como principais reivindicações o direito ao retorno dos africanos [e seus descendentes] da diáspora para a África"[35]. Nessa lógica, caberia ao Estado o financiamento desse retorno e não a responsabilidade pela indenização dos ex-escravizados.

Assumindo a periodização amplamente aceita, as lutas antirracistas no Brasil pós-abolição podem ser narradas em torno de quatro marcos centrais: (i) a emergência de uma imprensa negra nos anos 1920, que resultou na formação da Frente Negra Brasileira em 1931, (ii) a criação do Teatro Experimental do Negro em 1944 (TEM), (iii) a fundação do Movimento Negro Unificado em 1978, e, por fim, (iv) a criação de diversas organizações não governamentais vinculadas ao Movimento Negro a partir dos anos 1980 e início dos anos 1990. Muitos concordam que foi apenas a partir de 1978, com a inauguração da organização que mais tarde veio a ser conhecida como Movimento Negro Unificado, que o Movimento Negro mudou sua estratégia de ação, assumindo a partir daquele período um compromisso com a transformação social, e indo além das denúncias do racismo e da discriminação racial que, até então, caracterizavam suas ações.[36]

Assim, o Movimento Negro Unificado (MNU) constituiu-se na primeira organização negra brasileira que pode ser classi-

---

35 Instituto dos Advogados Brasileiros – Nacional, 2019, Op. Cit. p. 24

36 CONCEIÇÃO, Eliane Barbosa da. Programa de Promoção da Igualdade de Oportunidade para todos: experiências de ação afirmativa do Ministério Público do Trabalho (2003-2012). 2013, 383 f. Tese (Doutorado em Administração) – FGV- São Paulo, SP, 2013. P. 83-4

ficada, segundo o modelo de Alain Touraine, como um verdadeiro movimento social. O MNU tinha como referência o marxismo e atuava em duas frentes: a luta contra o racismo, e o combate ao sistema de exploração e opressão por meio do qual a classe dominante branca, minoritária e racista submetia o conjunto dos trabalhadores brasileiros. Essa inflexão para a esquerda levou o MNU a conceber a parcela negra da população brasileira como oprimida por um sistema altamente explorador e desigual, sendo esta a característica que o diferenciou das organizações negras que o antecederam, em que pese o fato de a proposta do TEN já apresentar um avanço no sentido de se buscar, mesmo que sem êxito, solução para o problema do racismo e da discriminação racial por meio de ação estatal[37].

Se, certamente como reflexo da ideologia da democracia racial, os movimentos sociais anteriores responsabilizavam os próprios negros por sua situação social e econômica e os estimulavam a tomar providências no sentido de alterar tal realidade, a direção adotada pelo MNU foi diferente. Para a sua liderança, parte da qual havia sido fortemente influenciada pela tendência de esquerda Convergência Socialista, a melhoria da situação dos negros não dependia apenas deles mesmos, mas de transformações profundas no sistema socioeconômico e político. E foi essa percepção que levou o MNU a alterar seu discurso e estratégias de ação, ao se reconhecer e se afirmar mais como produtor que como consumidor da situação social, e mais como capaz de colocá-la em questão do que apenas dar uma resposta a ela, como diria Alain Touraine.

Nesse ambiente, abriu-se espaço para o fortalecimento da noção de reparação histórica, que passou a legitimar as reivindicações do movimento negro. Mas essa agenda nunca correspondeu a um projeto unificado, havendo diversas concepções do que vem ser reparação e de como essa deve

---

37 Idem.

ser efetivada[38]. São tidas como reparatórias, desde as ações que promovam visibilidade da memória da escravização e da diáspora africana, como aquelas relativas à garantia de direitos, como a ação afirmativa. Emergem também nesse cenário, atores que reivindicavam indenização financeira pela escravização e seus efeitos na vida da população negra.

No início do terceiro milênio, outro evento, desta vez no cenário internacional, fortaleceria os movimentos sociais negros do país, mas também aqueles em todo o mundo, no sentido da busca por reparações em suas diversas dimensões. A Terceira Conferência Mundial contra o Racismo, a Discriminação Racial, a Xenofobia e Formas Correlatas de Intolerância promovida pela ONU, em Durban, na África do Sul, sacudiu os países da diáspora. As noções de crime contra a humanidade, responsabilidade histórica, e reparação foram abertamente discutidas, fazendo com que a Conferência de Durban representasse o fortalecimento das demandas das vítimas da escravidão e de seus descendentes ao longo dos séculos, tonando-se um ponto inflexão para a luta pela emancipação do povo negro. Howard-Hassmann (2022), sugere que as discussões travadas em Durban deveriam ter avançado mais, inclusive nos EUAN, caso não tivessem sido ofuscadas pelos ataques de 11 de setembro nos EUA, ocorridos apenas alguns dias após o término da conferência. Apesar disso, Durban deixou legados importantes nesse campo da reparação, como veremos a seguir.

Respondendo, certamente, às mudanças que ocorreram a partir da criação do MNU, o Brasil testemunhou na década de 1990, o que representou, talvez, o primeiro pleito em favor de reparações com viés indenizatório. Nesse momento, o comunicador e jornalista baiano Fernando Conceição – um

---

38 VENTURA, Tereza. *Lutas por reparação: dívida histórica e justiça pós-colonial.*
Práticas da História, n.º 12, 2021, p. 13-52. Disponível em www.praticasdahistoria.pt. Acesso 11 jan. 2023, p. 23.

dos líderes do Movimento pelas Reparações dos Afrodescendentes (MPR), propunha uma indenização monetária individual aos afrodescendentes no país, como compensação pelos
danos morais, físicos, psicológicos e materiais sofridos pelos
seus ancestrais trazidos para o Brasil na condição de pessoas
escravizadas. Pelos seus cálculos, a União deveria ser conde-
nada a pagar no total US$ 6,1 trilhões aos brasileiros afrodes-
cendentes. Fernando Conceição justificava que a indenização
era devida em razão dos quatro séculos de trabalho escravo
e dos abusos impostos aos milhões de pessoas negras africanas sequestradas de África. Mas não apenas, a esse primeiro
elemento, somava-se o fato de o Estado brasileiro ter deixado de garantir amparo econômico e social ao grupo dos
ex-escravizados, grandes responsáveis pelo desenvolvimento
cultural e econômico do país. Argumentava, assim, que a situação de marginalidade então vivida por eles fora provocada
pela forma como se deu a Abolição, visto que a eles não foi
garantido terra, casa, emprego ou escolaridade. Conceição
comparava o tratamento oferecido aos ex-escravizados no
Brasil com aquele conquistado pelos judeus que, havendo
figurado como vítimas do Holocausto, por fim terminaram
fazendo jus à indenização e outras medidas reparatórias. Para
o jornalista, a precária condição de vida da parcela negra da
população brasileira tinha tudo a ver com o desamparo estatal no pós-Abolição.[39]

Outra iniciativa que buscava indenização monetária para
os descendentes dos ex-escravizados ganhou vida no ano de
2005, certamente influenciada pelo evento de Durban, mas
resultando também do adensamento da luta social negra e
de um contexto socioeconômico severo para com as classes
trabalhadoras brasileiras. No dia 13 de maio daquele ano,
Claudete Alves, então vereadora do município de São Paulo,
protocolou uma Representação junto ao Ministério Público
Federal, requerendo da Procuradoria Regional dos Direitos

---

[39] Instituto dos Advogados Brasileiros – Nacional, 2019. Op. Cit, p. 32.

do Cidadão o ajuizamento de uma ação civil pública para condenar a União a "indenizar os negros afro-brasileiros, pelos danos materiais e morais causados no processo de escravidão, bem como nos processos de abolição e pós-abolição com repercussões atuais aos negros". Sugeria como compensação o valor de R$ 2.076.000,00 (dois milhões e setenta e seis mil reais) por pessoa. Mais tarde, baseada na noção de que a reparação histórica exige medidas coletivas que se aproveitem para todas a sociedade e não apenas para pessoas de forma individualizada[40], a vereadora passou a sustentar que a constituição de um Fundo Público, destinado ao patrocínio de ações afirmativas em benefício dos descendentes das pessoas que foram escravizadas no Brasil, seria a medida mais indicada. Nenhuma das propostas foi, no entanto, acolhida pelo Ministério Público.[41]

No que diz respeito aos demais países plurirraciais no Continente Americano, uma análise superficial da literatura que expressa o pensamento radical caribenho, de Eric Williams, Frantz Fanon e Walter Rodney sugere que diretamente esses autores não eram propriamente apologetas de um projeto de reparação, e especialmente de um tal projeto que incluísse a indenização financeira. Ao mesmo tempo, no entanto, suas reflexões sobre a escravização apontaram, para as questões de fundo, ao revelar os horrores dos processos de colonização, manifestados na usurpação da dignidade humana, expropriação, exploração e epistemicídio. Nesse sentido, Eric Williams (1944), de Trinidad e Tobago, em sua obra clássica "Capitalismo e Escravidão", demonstra os vínculos econômicos entre a industrialização britânica e a escravidão transatlântica. Fanon (1961), que esteve profundamente envolvido nas lutas de libertação anticolonial na África, analisou a estreita

---

40 RAUHUT, Claudia. *Justicia reparativa frente a los legados de la esclavitud en el Caribe. Perspectivas interregionales. Revista de Ciencias Sociales,* 2007. DOI: 10.17141/iconos.71.2021.4700.

41 Instituto dos Advogados Brasileiros – Nacional, 2019. Op. Cit, p. 3. p. 34.

inter-relação entre desenvolvimento e subdesenvolvimento como resultado da escravidão e do colonialismo, ele apresenta assim argumentos a favor da reparação, especialmente em sua obra "Os Condenados da Terra". Da mesma forma, Walter Rodney (1972) afirmou que a Europa se desenvolveu através do trabalho forçado de africanos escravizados, enquanto grandes partes da África foram sistematicamente despovoadas e subdesenvolvidas. Embora, os argumentos apresentados por esses autores possam ser, pelo menos em parte, desafiados, eles expressaram, a seu tempo, e são ainda hoje valorizados e reverenciados, uma luta contra os valores e discursos hegemônicos coloniais e brancos. Essas obras, que se encontram entre as pioneiras do pensamento radical caribenho, inspiraram gerações de estudiosos e continuam sendo fontes clássicas nas quais os ativistas que buscam reparações também se baseiam.

Nessa região, foi criada, no ano de 2013, a CARICOM (Comissão de Reparação), uma organização civil inter-regional estabelecida no âmbito da Comunidade dos Estados Caribenhos. A Comissão é composta principalmente, mas não exclusivamente, por países de língua inglesa, que foram colônias britânicas. A Comissão procura particularmente envolver os governos europeus em um diálogo que os leve a assumir responsabilidade sobre seus atos, que, embora cometidos no passado, de algum modo ainda se refletem na realidade de suas ex-colonias, visto serem moral e politicamente imprescritíveis e seus impactos reiterados nas gerações seguintes. Na CARICOM, as nações europeias são consideradas sucessoras das antigas potências coloniais que organizaram e se beneficiaram ativamente do comércio de escravos e dos sistemas de escravidão nas Américas, como Grã-Bretanha, França, Espanha, Portugal, Estados Unidos, Holanda e Dinamarca[42]

O plano de ação da Comissão Caribenha é pautado nos princípios da justiça restaurativa, apelando em um sentido mais

---

[42] RAUHUT, 2020, Op. Cit.

amplo para a reparação dos danos e implementação de medidas de compensações simbólicas e materiais, que são reivindicadas na forma de investimentos em infraestrutura, educação, saúde e cultura nas sociedades caribenhas. Como tema central, vincula em sua agenda os problemas fundamentais do desenvolvimento das sociedades caribenhas com os padrões de desigualdade causados pela escravidão e seus legados que levaram a danos estruturais persistentes. Consequentemente, as reparações não são consideradas medidas individuais, mas medidas coletivas para toda a sociedade. Eles são projetados para recompensar a desvantagem social e econômica e combater a discriminação racial contra a população afrodescendente que forma a grande maioria da população em muitas ex-colônias britânicas. Ambiciona, assim, a implementação de programas que visem o bem-estar de toda a sociedade, além de requerer transferência de tecnologia e conhecimento, bem como o cancelamento de dívidas externas.[43]

Por fim, devemos registrar que o Continente Africano também passou a compreender que os males perpetrados durante o colonialismo – tanto na etapa do contato como naquela da efetiva subjugação do território e de sua população – reclamavam reparações, incluindo especialmente indenização econômica, por parte dos europeus. Assim, o movimento pelas Reparações, foi formalmente iniciado em uma reunião em Abuja, Nigéria, em 28 de junho de 1992, dia em que a então Organização da Unidade Africana (atual União Africana) estabeleceu um Grupo de Pessoas Eminentes (GEP, na sigla em inglês), de 12 membros, que tinham como principal missão o dever de buscar reparações para a África.[44]

O GEP assumiu o termo "reparação" no sentido de compensação financeira, embora no direito internacional, a noção de

---

43 RAUHUT, 2021, op. cit.

44 HOWARD-HASSMANN. Rhoda E. *Reparations to Africa and the Group of Eminent Persons. Cahiers d'études africaines [Online]*, Volume 173-174. Paris, 2004, pp. 81-97, p. 84. https://doi.org/10.4000/etudesafricaines.4

reparação inclua um conjunto de passos destinados ao reestabelecimento das relações entre dois grupos, dos quais um vitimou o outro. Nessa perspectiva, sob o manto das reparações estão incluídas desde as ações simbólicas, como pedidos de desculpas, que funcionam como prova de reconhecimento de danos morais e materiais provocados, até ações mais concretas, no sentido de restituições econômicas, em formas de recursos financeiros ou serviços, que visem restituir danos materiais perpetrados. Para o GEP, no entanto, a instância simbólica teve pouco apelo. O grupo compreendia que sem compensação financeira, todas as outras formas de reparação não faziam sentido. No geral, o GEP fazia exigências do tipo: cancelamento de toda a dívida externa da África e a transferência de capital na forma de um Plano Marshall para a os países do Continente, remontando ao Plano Marshall que ajudou a Europa após a Segunda Guerra Mundial.

Embora, seu primeiro presidente alegasse que a demanda do grupo por reparações era baseada no tripé de argumentos morais, históricos e jurídicos [45] de fato, para o GEP, o que entrava em jogo quando o assunto é reparação não eram considerações sobre o direito positivado e a legalidade da compensação. Pautavam suas demandas em questões de princípio, argumentando que os Estados são responsáveis por qualquer dano que tenham causado a outros povos, ou para seus nacionais, sejam tais prejuízos decorrentes da violação de obrigações internacionais ou da violação de qualquer princípio de direito consuetudinário internacional.[46] Sobre esse prisma, a visão do GEP estava totalmente alinhada com a de teóricos que compreendem que a admissão da escravidão como crime escapa à lógica do direito positivo. Nesse sentido, a escravidão e suas consequências deveriam ser avaliadas não

---

45 Idem. p. 84.

46 HOWARD-HASSMANN, Rhoda E. *Should the USA Offer Reparations to Africa for the Transatlantic Slave Trade? Society,* 2022, p. 59:339–348 https://doi.org/10.1007/s12115-022-00682-3.

no campo legal, mas naquele da moral, ou seja, ante um conjunto de princípios, imperativos e ideais éticos abraçados em determinada época ou por determinada sociedade.

Em abril de 1993, o GEP realizou em parceria com a Comissão de Reparações da Organização de Unidade Africana, a primeira (e, ao que tudo indica, também a última) "Conferência Pan-Africana sobre Reparações", em Abuja, Nigéria. A proclamação oficial da Conferência referiu-se à "dívida moral" e à "dívida de compensação" dos países que se engajaram na escravidão, no colonialismo e no neocolonialismo para com a África. O mesmo documento também pedia a devolução de bens, artefatos e outros tesouros tradicionais roubados de Continente. Seis anos depois, em 1999, foi realizada em Accra uma "Conferência da Comissão da Verdade", que ao que tudo indica era constituída por representantes de nove países africanos, dos Estados Unidos da América do Norte, do Reino Unido e de três países do Caribe. O documento final da Conferência concluia que a escravização e a colonização do povo africano durante um período de 400 anos constituíam-se na raiz dos problemas que ainda assolavam a África. O documento também argumentava que, embora os países africanos tivessem uma dívida trilionária para com os países ocidentais, não havia, de fato, dívida africana para com aqueles países. Eles, sim, é que deviam reparações aos países do Continente.[47]

O plano estratégico da União Africana para os anos de 2004 a 2007 convocou um debate sobre a escravidão, com a intenção de declarar a escravidão um crime contra a humanidade e discutir a natureza das reparações. No entanto, desde então a organização parece ter-se voltado para a discussão de mecanismos internos de justiça de transição, ante as diversas guerras e episódios de genocídio que permanecem ocorrendo nos países do Continente[48] deixando, ao que tudo

---

47 HOWARD-HASSMANN, 2004, op. cit. p. 86.

48 op. cit. p. .

índica, a questão das reparações históricas em segundo plano. Como veremos, adiante, porém, a luta pelas reparações ganhou novo fôlego a partir do início do novo milênio, como exemplificam alguns dos eventos relatados aqui nesta seção, como a criação da CARICOM. Na próxima seção avaliaremos os argumentos que fundamentam a luta pela reparação e para isso, nos ancoraremos especialmente na palestra com a qual Ali A. Mazrui, abriu a primeira "Bashorun M.K.O. Abiola Distinguished Lecture" promovida pela Associação de Estudos Africanos (ASA), dos Estados Unidos, no ano de 1993. A palestra foi publicada no African Studies review, no ano seguinte, com um título bem sugestivo: "From Abolitionists to Reparationists"[49]

3.2. FUNDAMENTAÇÃO

Mazrui começa salientando que a África experimentou três tipos de escravidão – em que figuraram como responsáveis os próprios povos originários, os islâmicos e os ocidentais. O movimento por reparações, no entanto, apenas considera os danos que os ocidentais perpetraram contra o Continente. O autor apresenta alguns elementos que, segundo o seu olhar, concorreram para isso: (1) embora as formas de escravidão dos povos originários e islâmicas sejam mais antigas do que a versão transatlântica, elas foram menores em escala; (2) as formas anteriores não foram racializadas, entre os povos originários, tanto os senhores como os escravizados eram negros. As formas islâmicas eram multirraciais, tanto os senhores quanto os escravizados podiam ser de qualquer raça ou cor, isso permitia mobilidade social ascendente para os escravizados; (3) os sistemas escravistas ocidentais foram os mais polarizados racialmente no período moderno - senhores brancos, escravos negros, [o que se não impede, dificulta enormemente as relações sociais entre os dois grupos],

---

49 De abolicionistas a reparacionistas (tradução livre).

Tributação Justa, Reparação Histórica **79**

a escravização racializada difere de outras formas de escravidão, pois naquelas a situação poderia chegar ao fim. Não havendo diferença de "marca", ou de traços fenotípicos, entre os algozes e suas vítimas, por fim as pessoas terminavam se misturando, inclusive pelo casamento. Já a escravidão racializada mostrou-se muito mais efetiva, parecendo não ter fim, pois mesmo sendo abolida legalmente, a inferiorização racial permaneceu em forma de racismo[50]; e (4) o comércio transatlântico de pessoas escravizadas estava vinculado ao capitalismo global expansionista, o que acelerou dramaticamente o comércio de pessoas. Milhões e milhões de africanos foram feitos cativos e sequestrados em um período muito curto de tempo[51]. Para ele, as nefastas consequências desse comércio, tanto para o Continente Africano, como para as comunidades diaspóricas nas Américas, justificam o movimento de luta pelas reparações. Há estudiosos que questionam, em parte, esse conjunto de argumento. Tais críticas serão analisadas em nossos próximos trabalhos.

Mazrui compreende que as consequências da colonização remanescem nos países africanos, assim como nos países da diáspora, apresentando-se como uma continuidade malévola do colonialismo. Argumenta que tanto o colonialismo como a escravização não nos chegam apenas como tópicos de pesquisa, ou com algo que ficou lá no passado. Pelo contrário, seus efeitos se fazem sentir nas guerras civis, no colapso normativo, no mau funcionamento das economias, que se verificam nos países de África, mas não apenas, fazem-se sentir também nas relações socioeconômicas distorcidas e malévolas para os povos afrodescendentes nos países da diáspora[52].

---

50 Instituto dos Advogados Brasileiros – Nacional, 2019. Op. Cit, p. 12.

51 Mazrui Ali A. Global Africa: *From Abolitionists to Reparationists*. *African Studies Review*, Vol. 37, n°. 3, 1994, pp. 1-18. Disponível em: http://www.jstor.org/stable/524900 Acesso: 02 abril. 2023.

52 Idem. p. 2-5.

Ao comparar a abolição com a reparação, o autor argumenta que a primeira se fez necessária diante de um contexto de mudanças sociais multidimensionais. Ele avalia que, no século XIX, os valores do mundo ocidental estavam se alterando, e de algum modo se tornando mais liberalizados. Cita como exemplos dessas mudanças a extensão do direito de voto às classes trabalhadoras e o início dos movimentos pelos direitos das mulheres, na Europa. Além disso, havia mudanças gigantescas no campo tecnológico voltado para a produção industrial e agrícola. Ele sugere que a eficiência tecnológica, que contribuiu para tornar desnecessária a mão de obra escravizada, aliada a uma ideologia mais liberal, ajudou a impulsionar o movimento abolicionista na Europa e nas Américas, além de o liberalismo ter trazido para o campo da batalha antiescravista um conjunto de pessoas brancas do campo progressista.[53]

Por outro lado, ele sugere que é a continuidade, e não a mudança, a verdadeira inspiração por trás do movimento pela reparação. Para ele, é a persistência da privação e da angústia no mundo negro – que decorre diretamente dos legados da escravidão e do colonialismo, e se concretiza "nas dores nos guetos de Washington, D.C"., e nas "brutalidades policiais antinegras nas ruas de Los Angeles, Rio de Janeiro, Londres e Paris" – que urge o compromisso com a luta pela reparação[54]. Mas adiante, o autor continua dizendo que as consequências da escravidão nos EUAN não terminaram com a Proclamação de Emancipação de 1863, mas continuam até hoje na desproporcional presença negra nas prisões, nas taxas desproporcionais de mortalidade infantil negra, na desproporcional violência autodestrutiva juvenil negra. O dano do passado está no presente. Ele compreende que a comuni-

---

53 Idem. p. 3.
54 Idem. p. 3.

dade negra estadunidense continua acorrentada à escravidão de sua própria história trágica[55].

Para nós brasileiros, e certamente para outros povos na América Latina, não é difícil perceber que se Mazrui simplesmente trocasse o nome do país ao qual se refere e a data da dita Abolição para, em nosso caso, "Brasil" e "1888", ao invés de "Estados Unidos" e "1863", tudo o seu argumento continuaria sendo verdadeiro. E, como ele diz, essa lista pode aumentar sobremodo, quando consideramos as desigualdades no direito à terra, à habitação, à alimentação saudável, ao trabalho decente, ao lazer, a serviços públicos de saúde, educação, saneamento básico, ao direito ir de vir, ao direito primordial de ser visto e tratado como igual em dignidade e humanidade. Podemos acrescentar aqui, "o direito de viver em uma sociedade [dita] civilizada", uma vez que pagamos tributos. Há continuidades em todas essas áreas, visto que a parcela negra da população segue povoando os porões da sociedade, em que pese as recentes medidas que vêm sendo criadas para fazer face ao problema. Há continuidades porque, para citar bell hooks, seguimos em projeto social de supervalorização da branquitude e desvalorização da negritude e de suas formas de expressão. Havendo também diferenças, em nosso desfavor, percebidas ao constar que nossos governantes nunca nem estiveram abertos a pensar em reparações, pelo contrário, para fugir a esse dever moral e político, 33 anos antes da abolição, instituíram a chamada Lei de Terras, minando qualquer possibilidade de acesso dos ex-escravizados a esse bem fundamental. Além da política de embranquecimento empreendida também desde momento anterior à dita abolição.

Acreditamos, também que, na ausência de um conjunto de ações estatais direcionado – como aquele previsto no decreto de 9.081 de 1911, visando amparar os recém-chegados imigrantes europeus – à medida em que o tempo passa, tais con-

---

[55] Idem. p. 9.

tinuidades se agravam. Se compreendermos que cada geração das famílias negras carrega consigo os efeitos acumulados das discriminações sofridas por seus ancestrais, quanto mais tempo se retarda na adoção de políticas que busquem reverter esse quadro, mais se reafirma o legado do passado. Isso é o que experimentamos no Brasil. Quando, no final dos anos de 1990, e, mais efetivamente, no início do presente século, o país passou a adotar algumas medidas reparatórias, na forma de ações afirmativas para a comunidade negra, muito tempo já havia transcorrido desde a dita abolição. As consequências das desigualdades raciais, em forma de desvantagens acumuladas para a população negra, e de vantagens acumuladas para parcelas da população branca, já havia deixado esses grupos em lugares muito distintos na hierarquia social. Não será fácil reverter esse quadro. Além das já adotadas, outras medidas deverão ser implementadas.

Em sua palestra, Mazrui argumenta que, enquanto o movimento abolicionista nos séculos XVIII e XIX foi liderado desproporcionalmente por membros liberais do *establishment* ocidental, ou seja, por pessoas brancas, o movimento pelas reparações no século XX [e XXI] vem sendo promovido desproporcionalmente pela comunidade negra global. Como ele destaca, isso certamente ocorre porque a luta pela reparação é filha da frustração negra e do nacionalismo negro, e não do liberalismo branco. Surgiu originalmente na diáspora africana, especialmente nos Estados Unidos. País em que se questionou "onde estão meus poucos acres de terra e minha mula?" Para o autor, houve "um sentimento de traição entre os negros após a Proclamação de Emancipação de Lincoln, de 1863. O contrato social mínimo de emancipação havia sido violado. Era apenas uma questão de tempo até que os negros dos Estados Unidos levantassem a bandeira da compensação[56]. Como vimos na parte introdutória da presente seção, até demorou um pouco, mas os demais povos

---

[56] MAZRUI, 1994, Op. Cit. p. 4.

da diáspora, incluindo o Brasil, e mesmo os povos africanos seguiram a comunidade negra estadunidense em seu grito por compensação.

Porém, além desse fundamento histórico, Mazrui traz outro, que é de fundo moral, fulcrado em valores que eram caros a sociedades mais antigas e não deveriam ser abandonados por nossa civilização. Aliás, foi, certamente, com base em tais valores que, no século XIX, os EUAN emitiram a já citada Ordem de Campo nº 15. Mazrui sugere, que, quando nos deparamos com a questão de compensações por danos coletivos, a eles deveríamos retornar. Exemplifica, assim, dizendo que nos tempos antigos, quando um membro de uma tribo era morto por membro de outra tribo, uma dívida era imediatamente criada, em que a tribo do assassino figurava como devedora ante a tribo da vítima. Tal dívida não estava sujeita à prescrição, permanecendo ativa até que fosse quitada e poderia ser paga pela entrega de um animal ou por derramamento de sangue. A ausência de pagamento fazia nascer uma profunda rivalidade entre os grupos envolvidos. E, determinados membros da tribo ofendida, talvez os mais diretamente prejudicados, poderiam, a qualquer tempo, voltarem-se contra quaisquer indivíduos e comunidades da nação ofensora. A saída civilizada era pagar a dívida em vacas e cabras, ou seja, a resposta civilizada era pagar reparações.[57]

Existe uma dívida pendente do Ocidente para com o mundo negro - dívida que não está sujeita à prescrição. Acreditamos, junto com Mazrui que o dano causado aos povos negros não é coisa do passado, ainda hoje os sofremos diretamente e também como herdeiros dos efeitos acumulados dos danos sofridos diretamente pelas gerações que nos antecederam. Há uma dívida não quitada, e ausência de pagamento revela que o Ocidente ainda nos vê como não iguais, como coletiva e individualmente menores em status e humanidade.

---

[57] Idem. p. 15.

3.3. PRECEDENTES

Existem precedentes importantes para o movimento pelas reparações em África e nos países da diáspora: o primeiro deles é a própria Ordem de Campo, nº 15, de 1865; outros precedentes são as reparações aos judeus pelo Holocausto, a partir de 1952 e as reparações dos Estados Unidos aos nipo-americanos, tidos como inimigos e, por isso, foram internados durante a Segunda Guerra Mundial nos EUAN – ou seja, tais soldados foram forçadamente retirados do campo de batalha, pois os EUAN temiam a traição. Além desses precedentes maiores, a literatura ainda cita outros casos históricos, como por exemplo, reparos municipais pagos pela Alemanha a seus antigos inimigos após a Primeira Guerra Mundial, e reparações americanas, canadenses e australianas aos povos indígenas. Assim com as reparações exigidas do Iraque após a Guerra do Golfo de 1991[58]. Tratemos apenas das duas primeiras, que analisadas em seu conjunto ilustram as questões aqui trabalhadas.

Nos EUAN, o debate sobre reparações pela escravidão remonta à geração dos "pais fundadores", como Alexander Hamilton e Benjamin Franklin, que defendiam a eventual abolição da escravidão. Enquanto muitos desses primeiros defensores julgassem que os antigos proprietários dos escravizados que viriam a ser libertos devessem ser indenizados, George Washington estabeleceu um precedente em favor da indenização dos libertos por parte de seus antigos proprietários. Embora Washington tivesse se mantido calado publicamente sobre a questão da escravidão, ele expressou uma clara preferência pela abolição em seus escritos pessoais, e em seu testamento, fez livre seus 124 cativos e destinou um valor para o pagamento de indenização aos libertos. Assim, ainda

---

[58] CRAEMER, Thomas. *Framing Reparations. The Policy Studies Journal*, vol. 37, n.º. 2, 2009; HOWARD-HASSMANN, 2004, Op Cit.

em 1833, mais de $ 10.000 foram pagos aos antigos escravizados de Washington.[59]

Enquanto decisão governamental, a primeira política federal sobre reparações foi a Ordem de Campo nº 15 do general Sherman, emitida em 16 de janeiro de 1865, reservando terras "para o assentamento dos negros agora libertos pelos atos de guerra e pela proclamação do presidente dos Estados Unidos". Essa ordem de campo que, como vimos, entrou na cultura popular sob o slogan "40 acres e uma mula", em poucos meses fez surtir seus efeitos, mediante a distribuição de 400.000 acres de terra entre 40.000 libertos. Porém, logo após a guerra, a ordem foi revogada pelo presidente Andrew Johnson, sendo a terra devolvida aos antigos proprietários de escravos.[60] Porém, como sugeriu Mazrui (1994), essa ordem de campo sobreviveu na mente de muitos ex-escravizados como uma expectativa adiada, que ainda motiva, de tempos em tempos, certa mobilização social, a buscando fazê-la ressuscitar.

Desejo que se fez presente mesmo no parlamento, quando, em 1988, o democrata John Conyers, tentou – sem sucesso, até a sua morte, em 2019[61] – reavivar a questão na Câmara dos Representantes, por meio do Projeto de Lei HR 40, que foi apelidado de "40 Acres and a Mule". O projeto de lei propunha estudar o impacto da escravidão na vida dos afro-estadunidenses da contemporaneidade. Porém, enquanto o projeto de Conyers definhava na câmera legislativa, outros casos de reparação por injustiças históricas foram bem-sucedidos, como aqueles em relação às tribos nativas americanas e os nipo-estadunidenses que foram internados à força durante a Segunda Guerra Mundial.

---

59 CRAEMER, 2009, Op. Cit. p. 277.

60 Idem. p. 278.

61 Como se verá no final desta seção, esse projeto voltará ao cenário político daquele país no ano de 2021.

Apesar desse conjunto de precedentes importantes é fato que os EUAN ainda não emitiram um pedido formal de desculpas por ter participado do processo de escravização dos africanos. Temos notícias que dois presidentes daquele país, Bill Clinton e George W. Bush, chegaram muito perto disso, quando visitaram, cada um a seu tempo, a Ilha de Goree, na costa do Senegal[62].

O segundo precedente que analisaremos aqui diz respeito à indenização que a Alemanha pagou aos Judeus pelos massacres do Holocausto. Durante esse episódio odiento da história cerca de 6.000.000 de judeus foram mortos. As reparações para esse dano pareciam improváveis porque, no direito internacional, o genocídio apenas se tornou formalmente ilegal depois dos julgamentos de Nuremberg de 1945 e 1946. Além disso, questões geopolíticas dificultavam a possibilidade do atendimento a pedido de indenização. Era o início da Guerra Fria e os aliados ocidentais queriam vincular a Alemanha Ocidental a esse Bloco, o que os tornou pouco inclinados a exigir que ela pagasse reparações. Mas, se por um lado, os aliados ocidentais falharam em responder ao apelo de Israel por reparações, por outro, o primeiro chanceler da Alemanha Ocidental, Konrad Adenauer, o fez, declarando, em 11 de novembro de 1949, que o povo alemão estava decidido a reparar os males que, em seu nome, um regime criminoso havia perpetrados contra os judeus. Proclamou também que o povo alemão considerava aquela reparação como um dever.[63]

Daquele momento em diante, iniciou-se um processo nada simples, dado o ceticismo de Israel, de busca por negociações. Por fim, os diálogos se iniciaram, estendendo-se do dia 21 de março a 27 de agosto de 1952. Ao final, os dois lados chegaram a um acordo: a Alemanha deveria pagar 3 bilhões de marcos (US$ 715 milhões em 1952, que se traduzia em 6.568,80 milhões em dólares americanos de 2016) para um

---

62 CRAEMER, 2009, Op. Cit. p. 278.

63 CRAEMER, 2018, Op. Cit. p. 695.

fundo israelita, cujo objetivo era ajudar Israel a reassentar 500.000 pessoas que permaneciam deslocadas. Outra parcela de 450 milhões de marcos (US$ 107 milhões em 1952, que se traduzia em 983,02 milhões de dólares americanos, em 2016) foi acertada como indenização por propriedades de judeus que, vitimados da Segunda Guerra Mundial, não haviam deixado herdeiros. O último componente do acordo foi a promessa de que a Alemanha Ocidental promulgaria uma nova legislação para compensação individual dos judeus. Em 27 de março de 1953, os instrumentos de ratificação foram assinados no Secretariado das Nações Unidas em Nova York e entraram em vigor.[64]

A Alemanha Ocidental honrou suas obrigações ante o acordo. Em 1953, o Bundestag da Alemanha Ocidental aprovou a Lei Federal Complementar para a Indenização das vítimas da perseguição nacional-socialista, que foi alterada em 1956. Seguiu-se outra lei federal, em 1965, que permitiu que cerca de 146.000 residentes israelenses e cerca de 36.000 não-israelenses recebessem pagamentos da Alemanha até a década de 1980.[65]

Em 1988, o governo da Alemanha Ocidental pagou outros US$ 200 milhões (411.501.865,76 em dólares americanos de 2016) a 71.500 sobreviventes do Holocausto. Além disso, em 1999, o governo da então Alemanha unificada, juntamente com a indústria alemã concordaram em compensar os trabalhadores escravizados judeus e não judeus. Para tanto, o governo alemão criou a fundação "Lembrança, Responsabilidade e o Futuro" que foi dotada com cerca de US$ 5 bilhões (7,33 bilhões em dólares americanos de 2016) doados pelas empresas alemãs que lucraram com o trabalho dos escravizados durante a Segunda Guerra Mundial. O valor foi pago a aproximadamente 1,7 milhão de trabalhadores sobreviventes que haviam sido escravizados pelos nazistas. No geral, a Ale-

---

64 Idem. p. 696.

65 Idem.

manha pagou mais de 15.293.321.865,76, em dólares americanos de 2016, em reparações do Holocausto.[66]

Diante da vitória dos judeus em suas demandas por reparações, africanos e afrodescendentes perceberam que "algumas" pessoas – principalmente os judeus – pareciam ter direito a reparações por seu sofrimento, enquanto que outras não. É verdade que os judeus experienciaram toda uma história de exclusões, assassinatos em massa e discriminação, que antecederam o apogeu desses sofrimentos no Holocausto, mas também é verdade que os africanos enfrentaram dores dessa mesma natureza, ou mais agudas e duradouras, como argumentam estudiosos africanistas e africanos. A questão que se coloca é por que os africanos e seus descendentes não podem ser compensados pelos danos físicos e morais que sofreram e ainda sofrem? Resta para eles a sensação, ou a constatação, de que os judeus brancos encontraram empatia e atenção do mundo ocidental, enquanto os africanos negros são por ele ignorados.[67] Essas percepções mantêm viva a luta dos povos africanos e afrodescendentes por reparações.

3.4. REPARAÇÕES NO SÉCULO XXI

Se até o final do século XX, andou esquecido no cenário internacional o tema das reparações para africanos e afrodescendentes, pelos sofrimentos impostos pelo escravismo e colonialismo, o novo milênio assiste uma escalada de iniciativas que reafirmam o reconhecimento daquelas práticas como crimes contra a humanidade, e como passíveis de reparação. Pontuamos a seguir algumas evidencias que concorrem para essa compreensão:

- Em 21 de maio de 2001, o parlamento francês aprovou a lei 434, em que declara o reconhecimento como um crime contra a humanidade do comércio de pessoas es-

---

66 Idem.

67 HOWARD-HASSMANN, 2004, Op. Cit.

cravizadas e da escravidão perpetrados a partir do século XV, contra as populações africanas e diversas outras populações. A mesma lei determina que os currículos escolares e os programas de investigação em história e ciências humanas dediquem a esses temas o lugar que lhes é devido. Por essa mesma lei, a França também se comprometeu a apresentar um pedido de reconhecimento do tráfico de escravos e da escravatura como crime contra a humanidade ao Conselho da Europa, organizações internacionais e Estados Unidos.[68]

- Em setembro de 2001, as Nações Unidas realizaram a aqui já mencionada Conferência Mundial contra o Racismo, a Discriminação Racial, a Xenofobia e a Intolerância, referida atualmente, como Conferência de Durban. Ocasião essa, em que houve muita discussão sobre reparações pelo tráfico de pessoas escravizadas e, embora as delegações oficiais dos governos não tenham lançado um pedido de reparações, a conferência paralela de ONGs o fez.[69]

- No início de 2007, nos EUAN, vários estados do sul começaram a apresentar desculpas formais pela escravidão; Virgínia em fevereiro, seguido por Maryland em março, Carolina do Norte em abril e Alabama em maio de 2007. Em janeiro de 2008, Nova Jersey tornou-se o primeiro estado do Norte a emitir um pedido formal de desculpas pela escravidão e, em julho de 2008, a Câmara dos Representantes dos EUA tornou-se o primeiro ramo do governo federal a fazê-lo.[70]

- Em dezembro de 2007, a Assembleia Geral da ONU designou o dia 25 de março como o Dia Internacional em

---

68 AJAYI. Ade J. F. *La politique de Réparation dans le contexte de la mondialisation. Cahiers d'études africaines [Online]*, Volume 173-174. Paris, 2004, pp. 41-63, p. 84. Doi : 10.4000/etudesafricaines.4524. p. 48.

69 HOWARD-HASSMANN, 2022, Op. Cit.

70 CRAEMER, 2009, Op Cit, p. 275.

Memória das Vítimas da Escravidão e do Tráfico Transatlântico de Escravos.[71]

- Em junho de 2009, tanto a Câmara dos Representantes quanto o Senado dos EUAN aprovaram uma resolução para reconhecer "a injustiça fundamental, crueldade, brutalidade e desumanidade da escravidão e das leis de Jim Crow" e pediram desculpas aos afro-americanos. Mas a resolução também declarava que ela não servia como instrumento para qualquer reclamação contra os Estados Unidos. Nasceu com essa limitação e logo tornou-se nula, visto que o presidente Obama não a sancionou.[72]

- Em 2009, as Nações Unidas realizaram uma revisão da conferência de Durban, na qual recordou-se que a escravidão e o tráfico de pessoas africanas, incluindo o comércio transatlântico de escravos, nunca devem ser esquecidos. Na ocasião, também congratularam as ações empreendidas para honrar a memória das vítimas[73].

- Em 2013 foi criada a CARICON, no Caribe, como já apresentamos.

- Em 2015, no dia 6 de fevereiro, foi oficialmente instituída, pela Ordem dos Advogados do Brasil, a Comissão Nacional da Verdade da Escravidão Negra no Brasil, presidida pelo advogado e ativista Humberto Adami. A Comissão tem a finalidade de resgatar a memória do período da escravidão e da realidade de vida da população negra no pós-abolição, com o fim de restabelecer a verdade.[74]

- Em 2019, o relator especial da ONU sobre racismo, Tendayi Achiume, pediu aos Estados que fizessem re-

---

71 HOWARD-HASSMANN, 2022, p. 340.

72 Idem.

73 Idem.

74 (Ordem dos Advogados do Brasil Nacional. *Comissão da Verdade da Escravidão Negra toma posse na OAB Nacional. OAB*. São Paulo, 06 fev. 2015. NOTÍCIAS. Disponível em: https://www.oab.org.br/util/print/28065?print=Noticia Acesso: 27 jul. 2022.

parações às vítimas da escravidão, observando indiretamente, havia nos EUAN disparidades significativas de riqueza entre brancos e negros, o que possivelmente exigia reparações aos negros americanos.[75]

- No final de 2019, personalidades suíças criaram o Comitê Suíço de Reparação da Escravatura (SCORES)[76] para estudar a influência do país no tráfico de pessoas africanas e reparar os países afetados pela escravização. O comitê compreende que o crime humano de escravidão, exige reconhecimento e reparação não material e material. Reconhece que, entre os séculos XVI e XIX, a Suíça participou desse sistema e com ele lucrou. O comitê é formado por políticos, personalidades, religiosos e acadêmicos suíços. E, a despeito da posição oficial do governo de que o país jamais foi uma potência colonial e de que não reconhece qualquer responsabilidade, pretende inicialmente reparar os países do Caribe.[77]

- Em 2 de dezembro de 2020, o Parlamento Europeu dedicou um dia para a abolição do tráfico de escravos. O evento incluiu painéis de discussão sobre reconhecer o passado, reparar o presente e construir o futuro. Tanto a França quanto o Parlamento Europeu declararam a escravidão um crime contra a humanidade. A Comissão Europeia assumiu um plano antirracismo para 2020-2025 que inclui "fazer reparações por séculos de violência e discriminação, inclusive por meio de desculpas formais, processos de apuração da verdade e reparações de várias formas"[78].

- Em 30 de setembro de 2020, a Califórnia publicou o *Assembly Bill No.* 3121, que instituiu uma Força-tarefa para

---

75 HOWARD-HASSMANN, 2022, Op. Cit, p. 340.

76 Swiss Committee on Reparations for Slavery (*https://louverture.ch/scores/*)

77 Instituto dos Advogados Brasileiros – Nacional, 2019. Op. Cit, p. 50.

78 HOWARD-HASSMANN, 2022, Op. Cit. p. 340.

estudar e desenvolver propostas de reparações para afrodescendentes, considerando especialmente os descendentes de pessoas escravizadas naquele país. Tornou-se, assim, o primeiro estado estadunidense a considerar medidas para compensar a população negra pela escravidão e subsequentes mais de 100 anos de discriminação. Foi constituída uma Agência com nove membros, que segue trabalhando na direção de calcular os valores das indenizações. Segundo matéria trazida pela agência alemã *Deutsche Welle*, publicada no Brasil recentemente, o relatório da Força-tarefa foi lançado no final do mês de junho do presente ano e trazia uma fórmula para calcular o valor das indenizações individuais, que poderiam chegar, dependendo das circunstâncias, a pouco mais de um milhão de dólares. Caberá ao Legislativo californiano decidir se acatará, ou não, as medidas sugeridas pela Agência. Sabe-se que em todo o País há uma enorme rejeição popular e parlamentar a essa ideia de reparação para os afrodescendentes, e na Califórnia não é diferente[79].

- Em 2021, Evenston, no estado de Illinois, tornou-se a primeira cidade estadunidense a aprovar um programa de reparação econômica para os descendentes de pessoas que haviam sido escravizadas no País. Em março daquele ano veio a liberação do primeiro lote de fundos, que subsidia os qualificados em até 25 mil dólares, destinados a auxiliar na aquisição da casa própria, ou renegociação de dívidas referentes. Os primeiros beneficiários receberam doações em 2022. Dois anos depois, em março deste ano, o conselho da cidade de Evanston aprovou uma opção de saque em espécie no âmbito do Programa[80].

---

79 KÜFNER, Michaela. *Califórnia encara de frente reparações por escravidão*. W.B. Brasil. 01 jul. 2023. Igualdade de Direitos| Estados Unidos.

80 BROADDUS, Adrienne. *Evanston City Council votes in favor of expanding its reparations program to repair housing discrimination*. CNN, 28 mar. 2023.

- Em julho de 2021, um comitê comissionado pelo Ministério do Interior holandês emitiu um relatório de 217 páginas instando o governo a considerar seu passado de escravista. O comitê descreveu a escravidão holandesa e o subsequente comércio de pessoas como crimes contra a humanidade, com impacto contínuo para os descendentes dos escravizados. O relatório recomendou um pedido de desculpas, a condução de uma investigação sobre o papel do país na escravização e esforços para abordar o racismo institucional na Holanda, afirmando que esse tem suas raízes na escravidão e no colonialismo. Em outubro de 2022, uma maioria parlamentar apoiou a necessidade de um pedido de desculpas[81].

- Em setembro de 2021, por ocasião do vigésimo aniversário da Declaração de Durban, a Assembleia Geral da ONU conduziu uma revisão adicional desse documento. Ocasião em que houve uma grande discussão sobre a ideia de reparações pelo comércio transatlântico de pessoas negras, com muitas posições favoráveis. Entre os defensores estava o representante da China, que instou todos os países a adotarem uma política de tolerância zero contra o racismo. Infelizmente, 38 países, muitos deles ocidentais e incluindo os EUA, boicotaram esta reunião por causa de alegações de antissemitismo na conferência original de Durban e nas diversas reuniões subsequentes.[82]

- Em 2021, uma coalizão de 11 prefeitos dos EUAN anunciou uma iniciativa para estabelecer programas-piloto de reparações com o objetivo de reduzir a disparidade racial de riqueza. O grupo se autodenomina Prefeitos Organizados para Reparações e Equidade (MORE) e pretende perseguir, inicialmente três objetivos: (1) apoiar

---

81 TEFFERA, Almaz. *Dutch Apology on Slavery Only First Step Making Amends for Colonial Legacy Requires*. Human Rights Watch. Nova Iorque, 15 dez. 2023. Racism in Europe

82 HOWARD-HASSMANN, 2022, Op. Cit. p. 340.

um projeto de lei no Congresso que estabeleça uma comissão para estudar e desenvolver propostas de reparação para todo o país; (2) formar comitês consultivos de membros de organizações locais lideradas por pessoas negras para aconselhar formalmente os prefeitos sobre uma abordagem local para reparações; e (3) em coordenação com esses comitês, liderar o desenvolvimento e a implementação de programas-piloto de reparação direcionados a um grupo de residentes negros.[83]

- Também em 2021, o Conselho de Direitos Humanos ONU emitiu um relatório como parte da Década Internacional dos Afrodescendentes. O documento argumenta que "os Estados devem iniciar processos abrangentes para interromper, reverter e reparar as consequências duradouras" de ações racistas passadas, por meio de "processos concebidos para buscar a verdade, definir o dano, buscar justiça, reparações e contribuir para a não reincidência e reconciliação", incluindo "reconhecimento formal e desculpas, e reformas institucionais e educacionais".[84]

- Em 2021, a Câmara dos Representantes dos EUAN estava considerando o HR 40, defendendo uma "Comissão para estudar e desenvolver propostas de reparação para a lei dos afro-americanos". A comissão pretende considerar um pedido de desculpas nacional e propostas de reparações, e avaliar o impacto da escravidão e subsequente discriminação de *jure* e de *facto* sobre os afro-americanos vivos.[85]

- Em dezembro de 2022, o primeiro-ministro holandês, Mark Rutte, pediu desculpas oficiais pelos 250 anos de

---

[83] HERRIGES, Daniel. Mayors Leading the Push for Reparations Programs. Strong Towns

Minnesota, 1º jul. 2023. Articles.

[84] HOWARD-HASSMANN, 2022, Op. Cit. p. 341.

[85] Idem.

envolvimento da Holanda na escravidão, chamando-a de crime contra a humanidade. O pedido de desculpas ocorreu quase 150 anos após o fim da escravidão nas colônias ultramarinas do país europeu, que incluíam o Suriname na América do Sul, a Indonésia no leste asiático e as ilhas do Caribe, como Curaçao e Aruba.[86]

- Nos últimos 20 anos, entidades subnacionais e instituições privadas nos EUA vem oferecendo reparações aos descendentes de africanos escravizados. Por exemplo, a Universidade de Georgetown localizou descendentes dos 272 escravizados que vendeu em 1838 e lhes ofereceu processo de admissão preferencial. A Brown University também reconheceu que foi construída em parte com fundos do comércio de escravizados e planejou memoriais e iniciativas educacionais sobre esse comércio. As corporações também ofereceram reparações; em 2005, o JP Morgan Chase pediu desculpas por seu envolvimento com a escravidão e criou um fundo de bolsas de estudos para estudantes negros da Louisiana.[87]
- Além dos comitês por reparações já mencionados, vários países nas américas e Europa criaram seus órgãos de semelhantes natureza ao longo dos últimos, países, como Suriname, Colômbia e EUAN, entre outros.

---

86 LONKHUIJSEN, Robin van; HENNOP Jan. *Dutch PM apologizes for 250 years of slavery. National African-American Reparation Commission.* Washington, 19 dez. 2022. Reparations News & Views. Disppnível em: https://reparationscomm.org/reparations-news/dutch-pm-apologizes-for-250-years-of-slavery/.

87 MOFFETT; SCHWARZ, 2018, Op. Cit. p. 258.

4. TRIBUTAÇÃO E REPARAÇÃO: ALGUMAS CONSIDERAÇÕES

Os dois últimos capítulos dialogam: um, além de oferecer um conjunto organizado de informações sobre temas necessários para a compreensão do sistema tributário brasileiro – cumprindo, assim, uma das finalidades do presente livro – evidencia também que o sistema tributário nacional é injusto, fazendo recair a carga mais pesada da tributação necessária para a manutenção das atividades estatais sobre os ombros dos grupos sociais em desvantagem na hierarquia social. Já o último capítulo, traz argumentos sólidos que apontam para uma dívida secular do Ocidente para com a África e a diáspora africana no mundo. Ora, o Brasil é o país para o qual afluiu, entre os séculos XV e XIX, o maior contingente de pessoas sequestradas de África e escravizadas no Continente Americano. Sendo essa a razão pela qual figura como o segundo país do mundo com o maior percentual de pessoas pretas e pardas, ficando, nesse quesito, apenas atrás da Nigéria; sendo essa também a razão por que deve figurar como um dos principais atores na busca de resolução desse problema.

O último capítulo também sugere que, embora tardia, é crescente, no plano internacional, a compreensão e o reconhecimento dessa dívida, tanto por parte da sociedade civil como dos governos; tanto nos países devedores (os colonizadores) como do povo credor – espalhado, especialmente, em África e nas Américas – e seus aliados. Por essa razão, os últimos vinte anos testemunham uma escalada no número de órgãos da sociedade civil e governamentais que têm por missão precípua apurar a verdade acerca dos crimes contra a humanidade cometidos na colonização e escravização, assim daqueles materializados no abandono moral e material das massas ex-escravizadas nos períodos pós-abolição. Dessa dívida não se poderá fugir, visto que suas consequências esgarçam de modo muito brutal o tecido social, impossibilitando o florescer de uma verdadeira solidariedade, mesmo que seja a buscada e almejada solidariedade entre as classes sociais oprimidas pelo poder econômico. Acreditamos, com Mizrui, que a luta pela reparação se fortalece na "persistência da privação e da angústia no mundo negro". Se estivermos corretos, a luta por reparações continuará a crescer.

Como o Brasil pagará sua dívida para conosco, o povo negro brasileiro? A questão é complexa, dada a própria complexidade da dívida, pois como vimos, ela possui aspectos imateriais e materiais. Assim, a nosso ver o exercício no caminho da busca de uma solução política possível, exige que alguns pontos sejam considerados.

O primeiro passo é separar a dívida em duas partes, o seu lado imaterial e o seu lado material. Embora, como frisamos na introdução, o nosso interesse aqui, especificamente, seja com a parte material da dívida, devemos observar que ambas as dimensões constitutivas desse débito são espinhosas e difíceis de serem compreendidos em sociedades que tendem a negar a responsabilidade coletiva sobre atos praticados a partir de decisões políticas. Na avaliação do problema, parece escapar que se trata de uma questão fulcrada em uma moral que é coletiva, que diz respeito a uma consciência social sobre valores que não deveriam ser infringidos. Não diz respeito aos indivíduos. Não cabe sentimentos como: eu não tenho nada a ver com isso, ou a responsabilidade não é minha, e coisas do gênero. A responsabilidade é nossa, herdamos coletivamente essa dívida para com o povo negro. Mesmo eu que sou uma mulher negra, precisei aqui falar em primeira pessoa. Nós mulheres e homens negros somos também responsáveis por essa dívida, pois nos cabe sermos a consciência moral de nossa sociedade. Precisamos contribuir para que nossos conterrâneos se sintam envergonhados diante dessa situação. Certamente, vergonha é uma palavra importante. Mas sobre isso e tanto mais, deixaremos para tratar em outros trabalhos.

Como os capítulos anteriores sugerem, nas sociedades ocidentais, incluindo o Brasil, essa moral, essa percepção de responsabilidade coletiva, não se aplica à parcela negra da população. De fato, é como se não integrássemos a comunidade política nacional. A sociedade não se importa com as atrocidades que são perpetradas contra esse contingente populacional. É tudo tão complexo, que parte dos que não se importam ou não enxergam a legitimidade da reparação histórica, também são pessoas negras. Todo esse tempo de negação ao direito do povo brasileiro à memória e à verdade sobre os fatos ocorridos na Europa, que a levou em determinado período histórico a invadir os demais continentes do mundo e subjugá-los, sobre os fatos ocorridos em África e sobre aqueles ocorridos durante à escravização aqui no país, dificulta a compreensão do problema.

Certamente, por essa razão, quando falamos em reparações para a parcela negra da população, há uma tendência a trazer a questão para o plano pessoal, parece que muitos percebem o tamanho do problema e dele querem se eximir. Como fazer reparações imateriais e simbólicas neste cenário?

Com relação ao aspecto material das reparações, nos parece que a tributação pode dialogar diretamente com elas. Especialmente, se considerarmos que, de um lado, há dívida pecuniária do Estado brasileiro para com a parcela negra de sua população, e que do outro, há dívida do todo cidadão brasileiro para com o Estado, visto o tributo é prestação pecuniária compulsória. A proposta é que, no caso da população negra, possamos fazer um encontro de contas. Não faz sentido, o povo negro brasileiro que é credor desse Estado, ficar pagando indefinidamente a sua dívida tributária, sem poder dela escapar – visto que o tributo está no mais das vezes embutido nos preços bens e serviços que consome, e retido na fonte do salário que recebe –, sem ajustar a dívida que o Estado tem para com ele.

Como se daria esse encontro de contas? Nos parece que as condições para que isso ocorra de modo efetivo, ainda não estão dadas, e precisamos formatá-las, buscando alternativas. Enquanto isso não se dá, podemos avançar no sentido da redução de danos, impedindo que as injustiças tributárias avancem ainda mais, ao redesenhar nosso sistema para fazê-lo efetivamente mais progressivo, além de prever certos incentivos fiscais para a parcela credora da população – que somos nós, o povo negro brasileiro.

Seguir as sugestões previstas no "Manifesto por uma Reforma Tributária 3S"[88] é um bom caminho. Ou seja, observar os princípios que fundamentam uma reforma que vise construir um sistema tributário que concorra para uma vida mais Saudável, Sustentável e Solidária é certamente o início. Mas, diante do que expusemos nessas páginas, repisamos que o compromisso com a reparação histórica dessa parcela secularmente massacrada da população é também necessário, e deve integrar a luta de todo o campo progressista. Eu sugeriria um "Manifesto por uma Reforma Tributária 3S1R". Diante disso repiso alguns elementos que já constam do Manifesto 3S e acrescento outros, destacando que essas medidas seriam centrais para o 1R do nosso manifesto: (1) a redução

---

[88] Manifesto por uma Reforma Tributária 3S". Brasília, 28 de março de 2023. https://www.idsbrasil.org/wp-content/uploads/2023/04/Reforma_Tributaria_3s.pdf

da proporção dos tributos indiretos na total da arrecadação; (2) a ampliação da base de tributação sobre o consumo, para incluindo bens de luxo que hoje não são tributados; (3) ainda com relação à tributação indireta, em atendimento ao princípio da essencialidade, desonerar a cesta básica e itens julgados de primeira necessidade para a classe trabalhadora e grupos empobrecidos da população; (4) um redesenho da tributação sobre o patrimônio, em que o IPTU, ITCMD e o ITR contribuam com o cumprimento do princípio da função social da propriedade privada; (5) uma reforma no Imposto de Renda de Pessoas Físicas e Jurídicas, que o tornasse de fato progressivo, o que deveria incluir, no caso do IRPF, dentre outras medidas, o aumento do número de faixas de tributação; aumento da alíquota máxima; redução da alíquota para a classe trabalhadora; tributação dos lucros distribuídos, e ampliação da limite de isenção; (6) o desenho de incentivos fiscais, por meio tributação direta, como, por exemplo, a criação de fundo para reparação da população negra e de incentivos para, por exemplo, a aquisição de casa própria; (7) cobrar de modo mais efetivo a contribuição de melhoria; e (8) Regulamentação do Imposto sobre Grandes Fortunas.

REFERÊNCIAS

ADAMS, Charles. *For good and evil: the impact of taxes on the course of civilization*. 2ª ed. Boston: Madison Books, 2001.

AJAYI. Ade J. F. *La politique de Réparation dans le contexte de la mondialisation. Cahiers d'études africaines [Online]*, Volume 173-174. Paris, 2004, pp. 41-63, p. 84. Doi : 10.4000/etudesafricaines.4524

BALEEIRO, Aliomar. *Uma introdução à Ciência das Finanças*, vol. I, Rio de Janeiro, Forense, 1995, pp. 239-240.

BROADDUS, Adrienne. *Evanston City Council votes in favor of expanding its reparations program to repair housing discrimination*. CNN, 28 mar. 2023.

CARNEIRO, Sueli. *Reparações e compilações. Portal Geledés*. São Paulo, 25 ago. 2000. Artigos e Reflexões. https://www.geledes.org.br/pilacoes/ Acesso: 27 jul. 2022.

CONCEIÇÃO, Eliane Barbosa da. *A Parábola do Estado Malvado: tributos e população negra no Brasil. In:* SANTOS, Helio (org). *A Resistência Negra ao projeto de Exclusão Racial*: Brasil 200 anos (1822-2022). São Paulo: Jandaíra. 2022. p. 155-179.

————. Programa de Promoção da Igualdade de Oportunidade para todos: experiências de ação afirmativa do Ministério Público do Trabalho (2003-2012). 2013, 383 f. Tese (Doutorado em Administração) – FGV-São Paulo, SP, 2013.

CRAEMER, Thomas. *Framing Reparations. The Policy Studies Journal*, vol. 37, n.º 2, 2009.

————. *International Reparations for Slavery and the Slave Trade. Journal of Black Studies*, vol. 49, no. 7, 2018, pp. 694–713. JSTOR, https://www.jstor.org/stable/26574589. Acesso 12 jan.2023.

GOBETTI, Sergio; ORAIR, Rodrigo. *Progressividae Tributária: a agenda esquecida*. Brasília: *IPEA*, 2016. Disponível em: https://portalantigo.ipea.gov.br/agencia/images/stories/PDFs/TDs/td_2190.pdf. Acesso: 20 fev. 2020.

GOMES, João F.; RADA, Ruth Pereira di; CARDOMINGO, Matias R; NASSIG-PIRES, Luiza. *Privilégio branco na estrutura tributária brasileira: uma análise interseccional de impostos diretos e transferências. Centro de Pesquisa em Macroeconomia das Desigualdades*. Nota de Política Econômica. 22.11.2022.

HERRIGES, Daniel. *Mayors Leading the Push for Reparations Programs.* *Strong Towns.* Minnesota, 1º jul. 2023. Articles.

HOWARD-HASSMANN. Rhoda E. Reparations to Africa and the Group of Eminent Persons. Cahiers d'études africaines [Online], Volume 173-174. Paris, 2004, pp. 81-97, p. 84. https://doi.org/10.4000/etudesafricaines.4

————. *Should the USA Offer Reparations to Africa for the Transatlantic Slave Trade? Society,* 2022, p. 59:339–348 Disponível em: https://doi.org/10.1007/s12115-022-00682-3

Instituto dos Advogados Brasileiros - Nacional. *Parecer Jurídico.* Rio de Janeiro: IAB-Nacional, 2019.

KÜFNER, Michaela. *Califórnia encara de frente reparações por escravidão.* W.B. Brasil. 01 jul. 2023. Igualdade de Direitos| Estados Unidos.

LEITE, Harrison. *Manual de Direito Financeiro.* 9ª ed. rev. atual. e ampl. Salvador: JUSPODIVM, 2020, 832 p., 43-44

LOBO TORRES, Ricardo. *Tratado de Direito Constitucional Financeiro e Tributário - Valores e princípios constitucionais tributários.* 2ªed. Rio de Janeiro: Renovar, 2014. 708p.

LONKHUIJSEN, Robin van; HENNOP Jan. *Dutch PM apologizes for 250 years of slavery. National African-American Reparation Commission.* Washington, 19 dez. 2022. Reparations News & Views. Disppnível em: https://reparationscomm.org/reparations-news/dutch-pm-apologizes-for-250-years-of-slavery/.

MACHADO, Hugo de Brito. *Curso de Direito Tributário.* 31ª ed. rev. atual e ampl. São Paulo: Malheiros, 2015. P. 34.

MAZRUI Ali A. Global Africa: *From Abolitionists to Reparationists. African Studies Review,* Vol. 37, n°. 3, 1994, pp. 1-18. Disponível em: http://www.jstor.org/stable/524900 Acesso: 02 abril. 2023.

MURPHY, Liam; NAGEL, Thomas. *O mito da propriedade privada: os impostos e justiça.* São Paulo: Martins Fontes, 2005/2002.

OXFAM Brasil. *A distância que nos une: um retrato das desigualdades brasileiras.* Relatório redigido por Rafael Georges e coordenado por Katia Maia. São Paulo: OXFAM–Brasil, 2017, 94p. Disponível em:

https://www.oxfam.org.br/um-retrato-das-desigualdades-brasileiras/a--distancia-que-nos-une/. Acesso 12 jul. 22.

PISCITELLI, Tathiane. *Direito financeiro.* 6ª. ed. rev. e atual. – Rio de Janeiro: Forense, São Paulo: MÉTODO, 2018.

RAUHUT, Claudia. Justicia reparativa frente a los legados de la esclavitud en el Caribe. Perspectivas interregionales. Revista de Ciencias Sociales, 2007. DOI: 10.17141/iconos.71.2021.4700.

SALVADOR, Evilásio. *As Implicações do Sistema Tributário Brasileiro nas Desigualdades de Renda*. Brasília: *INESC, OXFAM- Brasil*, 2014. Disponível em https://www.inesc.org.br/wp-content/uploads/2019/04/Sistema_tributario_e_desigualdades_evilasio.pdf. Acesso: 11 nov. 2022.

SAMPAIO. Cristiane. *Reforma tributária: entenda as diferenças entre propostas, as polêmicas e os desafios*: Em conversa com BdF, economista David Deccache destrincha aspectos da pauta, entre eles o chamado "imposto seletivo". *Brasil de Fato*. Brasília (DF), 14 mar. 2023 https://www.brasildefato.com.br/2023/03/14/reforma-tributaria-entenda-as-diferencas-entre-propostas-as-polemicas-e-os-desafios. Acesso: 19 mar. 2023.

TEFFERA, Almaz. *Dutch Apology on Slavery Only First Step Making Amends for Colonial Legacy Requires*. *Human Rights Watch*. Nova Iorque, 15 dez. 2022. Racism in Europe.

VENTURA, Tereza. *Lutas por reparação: dívida histórica e justiça pós-colonial*. *Práticas da História*, n.º 12, 2021, p. 13-52. Disponível em www.praticasdahistoria.pt. Acesso 11 jan. 2023.

- editoraletramento
- editoraletramento.com.br
- editoraletramento
- company/grupoeditorialletramento
- grupoletramento
- contato@editoraletramento.com.br
- editoraletramento

- editoracasadodireito.com.br
- casadodireitoed
- casadodireito
- casadodireito@editoraletramento.com.br